Super Omnia Bonae Voluntatis

Impressum

John E. Labrise

Saint Joseph Books

75376 River Road

Saint Benedict, LA 70457 U.S.A.

Aus dem Englischen übersetzt von Daniela M. Hartinger

mit freundlicher Unterstützung von Florian Maizner

Illustration im Buch von Izabela Ciesinska

Cover von Sam Wall

ISBN 978-1-963123-37-1 (Hardcover)

ISBN 978-1-963123-38-8 (Taschenbuch)

ISBN 978-1-963123-39-5 (E-Book)

Gottes guter Diener
und der des Königs

LOB für *Gottes guter Diener und der des Königs*

„More genoss eine hohe Stellung in England und sein Einfluss war enorm. Er hatte die höchsten Zeichen königlicher Gunst erhalten: Sein untadeliges Leben, sein umfangreiches Wissen und seine zahlreichen Verdienste um den Staat hatten ihm die Wertschätzung des Volkes eingebracht."

— Thomas Stapleton
*The Life and Illustrious Martyrdom of
Sir Thomas More*

„[More] war eine außergewöhnliche Persönlichkeit, ein Gelehrter und Intellektueller, der zudem über ausgeprägte praktische Fähigkeiten verfügte, und diese Verbindung von Talenten bildete die Grundlage seiner Karriere."

— James McConica
Thomas More: A Short Biography

„Als Anwalt erwarb er sich den Ruf eines ehrlichen, integren Mannes. Ein früher Biograf schrieb, dass ‚[More] seinen Mandanten stets kluge und ehrliche Ratschläge erteilte und dabei stets ihre Interessen im Blick hatte, nicht seine eigenen'."

— Gerard B. Wegemer
Thomas More: A Portrait of Courage

„Aber auch hier zeigt sich das ungewöhnliche Motiv seiner Laufbahn, das für das Verständnis seines Charakters so wichtig ist. Er strebte nicht, er akzeptierte. Er übernahm scheinbar bereitwillig und freudig die anspruchsvollsten Ämter, ohne persönliche Pläne oder Ambitionen zu verfolgen. Er war in der Tat ein wahrer Diener des Königs."

— Peter Ackroyd
The Life of Thomas More

„Was du nicht ins Gute wenden kannst, das musst du wenigstens so wenig schlecht wie möglich machen."

— Thomas More

Gottes guter Diener und der des Königs

Die Heldengeschichte des Thomas More

Bruder Emmanuel Labrise, O.S.B.

Ein Held wird erwählt

Buch 3

Saint Joseph Books

Saint Joseph Books
Saint Benedict, LA

Englischer Originaltitel: *God's Good Servant and the King's: The Hero Story of Thomas More*
Aus dem Englischen übersetzt von Daniela M. Hartinger
mit freundlicher Unterstützung von Florian Maizner
Illustration im Buch von Izabela Ciesinska
Cover von Sam Wall

Artwork für das Buchcover: *Portrait of Sir Thomas More*
von Hans Holbein dem Jüngeren (1497–1543), angefertigt 1527
(https://commons.wikimedia.org/wiki/File:Hans_Holbein,_the_Younger_-
_Sir_Thomas_More_-_Google_Art_Project.jpg).

ISBN 978-1-963123-37-1 (Hardcover)
ISBN 978-1-963123-38-8 (Taschenbuch)
ISBN 978-1-963123-39-5 (E-Book)

Alle Verse der Schrift werden zitiert aus: Elberfelder Bibel 2006, © 2006 SCM R.Brockhaus in
der SCM Verlagsgruppe GmbH, Holzgerlingen (www.scm-brockhaus.de).

Ich habe mich bemüht, alle Urheberrechtsinhaber zu kontaktieren.

Erstmals gedruckt im Jahr 2026.

Inhaltsverzeichnis

Teil Eins: Historischer Kontext

Teil Zwei: Gottes guter Diener und der des Königs

Einführung in die Serie

Reflexionen eines ungewöhnlichen Mönchs ist das erste Buch der Serie *Ein Held wird erwählt* und dient als spirituelle und moralische Grundlage. Ab dem zweiten Buch, *Die Mission der Jungfrau*, bauen alle Geschichten auf den Themen auf, die in *Reflexionen eines ungewöhnlichen Mönchs* eingeführt wurden. Das Hauptziel dieser Reihe ist, christliche spirituelle Prinzipien zu vermitteln und moralische Tugenden über die Geschichte von heiligen Helden zu lehren.

An dieser Stelle sollte eine Anmerkung zum zentralen Konzept und den vorherrschenden Themen in jedem Buch gemacht werden, beginnend mit: *Die Mission der Jungfrau*. Jede Geschichte, ob historisch oder fiktiv, erzählt die Geschichte eines oder mehrerer heiligen Helden, die von Gott zu einer bestimmten Berufung auserwählt wurden, um eine persönliche Mission zu erfüllen. Der historische Kontext ist entscheidend. Ein großer Teil jedes Buches ist deshalb der Einordnung der Protagonisten in ihr historisches Umfeld gewidmet, in dem ihnen die Möglichkeit geboten wird, eine oder mehrere Aufgaben zu erfüllen oder Ereignisse zu ertragen, die sie zum heiligen Helden qualifizieren.

In allen Fällen – mit Ausnahme von Remmy Kimm, die in der fiktionalen Erzählung *Eine nie erzählte Geschichte der Berufung* vorkommt – geschieht dies gegen Ende ihres Lebens. Das Ereignis selbst kann Jahre dauern oder auch nur einen Tag. Der Zeitrahmen ist aber weniger wichtig als das Heldenereignis oder der Heldenmoment selbst. Man kann durch eine einzige heldenhafte Tat am Ende seines Lebens oder durch einen lebenslangen selbstlosen Dienst zum heiligen Helden werden. Dom Tom Mo – der andere Protagonist in *Eine nie erzählte Geschichte der Berufung* – wurde dazu berufen, innerhalb weniger Stunden sein Leben für die Passagiere an Bord seines Raumschiffs zu opfern. Remmy Kimm hingegen wurde zu jahrelangem Missionarsdienst und zum Überleben einer Nahtoderfahrung berufen. Beide sind Märtyrer, der eine rot (Blut, Tod), die andere weiß (selbstloser Dienst für andere).

Weniger wichtig als das Heldenereignis und der Heldenmoment ist die Position im Leben, die jemand einnimmt, wenn er oder sie berufen wird. Jeanne d'Arc wurde aus dem Verborgenen zu einer öffentlichen Mission berufen, die weniger als ein Jahr dauerte und damit endete, dass sie als Ketzerin auf dem Scheiterhaufen verbrannt wurde. Thomas More wurde aus der Prominenz heraus berufen, sein hohes Ansehen in der englischen Gesellschaft und sogar sein Leben für die Treue zu seinem Glauben zu opfern, zu dem er sich bekannt hatte. Jesus von Nazareth wurde aus dem Verborgenen zu seinem öffentlichen Wirken berufen, das etwa drei Jahre dauerte und mit seiner Kreuzigung endete. Das Heldenereignis und der

Heldenmoment stellen die bei der Berufung bereits vorhandenen Kompetenzen und Vorzüge in den Schatten. Mit Ausnahme vielleicht des Heiligen Thomas More handeln alle Geschichten von Außenseitern.

Eine zweite Anmerkung betrifft die Einordnung dieser Bücher in den Bereich der Literatur. Meiner Meinung nach ist keines der Werke aus dieser Reihe – ob nun historisch oder fiktiv – im strengen Sinne ein Werk der Biografie, Geschichte oder Fiktion, auch wenn sie biografische Berichte, historische Inhalte oder Fiktion enthalten. Noch viel weniger handelt es sich um Hagiografien, auch wenn sie sich mit dem Leben heiliggesprochener Helden befassen. Vielmehr sind sie dem Genre der christlichen Sachliteratur zuzuordnen.

Diejenigen, die die Arbeit von Joseph Campbell schätzen – insbesondere sein einflussreiches Werk *Der Held mit den tausend Gesichtern* –, könnten in den Seiten dieser Bücher Lohnenswertes finden. Ich habe jedoch weder versucht, die fiktiven Charaktere nach seinen Schriften zu gestalten, noch die Nacherzählung der Geschichten tatsächlicher historischer Personen auf der Grundlage seiner Arbeit über Mythen und mythische Figuren zu verändern. Vielmehr fühle ich mich von dem Urbild und dem archetypischen.Verhalten des heiligen Helden angezogen, der tief im Unterbewusstsein eines jeden Menschen liegt – zumindest, wenn man der Jungschen Theorie folgt. Dieses Unterbewusstsein – wie so viele andere – manifestiert sich in Filmen, Büchern, Kunst und öffentlichen Darbietungen aller Epochen – von der Antike bis zu den populären Filmen von heute. Es ist der

Archetyp des heiligen Helden, der als psychologische Grundlage für die Geschichten dieser Reihe dient.

Ich hielt es für hilfreich, ein kurzes Lexikon der Begriffe zu erstellen, auf die sich der Leser konzentrieren kann. Zwar kann ich nicht für jeden Begriff eine genaue Definition geben, da die Bedeutung je nach Lebenssituation fließend ist, aber zumindest wird die Erwähnung der Begriffe dazu beitragen, dem Leser die relevanten Aspekte der einzelnen Geschichten sowie die Thematik und die Essenz dieser Serie bewusst zu machen. Das Lexikon befindet sich auf der nachfolgenden Seite.

Lexikon der Begriffe

Buch 3

Gottes guter Diener
und der des Königs

Einführung in Buch 3

Wie alle Bücher aus dieser Serie versucht auch die Heldengeschichte von Thomas More, die spirituellen Themen und Konzepte aus dem ersten Buch, *Reflexionen eines ungewöhnlichen Mönchs*, einzubauen und den Hauptcharakter in seinen historischen Kontext zu setzen. Im ersten Teil eines jeden Buches wird ein kurzer historischer Überblick gegeben, ohne dabei in die fantasievolle Interpretation zu verfallen, die die kirchliche Geschichtsschreibung mitunter charakterisiert. In Teil 2 sollen einige der heldenhaften Eigenschaften der Hauptfigur hervorgehoben und ein Beispiel für christliche Heldenheiligkeit gegeben werden, ohne dabei deren Tugenden so zu beschönigen, wie es in manch traditioneller (und alter) Hagiografie geschieht. Eine unvermeidliche Einschränkung meines Ansatzes ist die Kürze der Bücher, sodass weiterführende Lektüre für das umfassende Verständnis des Heiligen Helden sowie der Komplexität seiner oder ihrer Zeit unerlässlich ist.

Ich hoffe, die Leserschaft erachtet es nicht als zu oberflächlich, wenn ich dieses Buch mit der berühmten, jedoch prägnanten Beschreibung Thomas Mores durch den zeitgenössischen Humanisten und engen Freund Desiderius Erasmus von Rotterdam beginne, der More als Mann *„omnium horarum"* beschrieb, was ins Deutsche häufig als „Mann für jede Jahreszeit" übersetzt wird. Erasmus könnte hierbei Bezug nehmen auf 1. Korinther 9,22, wenn der Heilige Paulus sagt, er sei „allen alles" geworden, gewiss jedoch auf Mores sanftes, fröhliches Naturell, gepaart mit einem gut ausgebildeten Verstand. Thomas More war tatsächlich ein solch angenehmer Zeitgenosse, dass er von Heinrich VIII. und Katharina von Aragón während ihrer Ehe häufig zum Essen eingeladen wurde, um mit seiner Art und seinen unterhaltsamen Gesprächen ihre Tischrunde aufzuhellen.

Es ist jedoch wahrscheinlich, dass Erasmus mit *„omnium horarum"* mehr meinte als einen „gebildeten und angenehmen Mann, der für angeregte Gespräche bei Tisch sorgte", und es ist dieses Mehr, vor allem in Bezug auf Moral und religiöses Engagement, das More als Heiligen Helden ausmacht. Ich versuche auf diesen Seiten, dieses Mehr aufzuzeigen, und habe dazu zehn Aspekte von Mores Leben und Charakter gefunden, die Rollen aufzeigen, die (a) ihm durch seine Geburt in die englische Gesellschaft und eine bestimmte soziale Klasse auferlegt wurden, oder (b) zu denen er moralisch verpflichtet war oder sich als eine Art Dienst verpflichtet fühlte, oder (c) die er aufgrund seines Gewissens oder seiner religiösen Überzeugungen freiwillig annahm. Einige dieser Aspekte überschneiden sich, sind es jedoch wert, erwähnt zu werden, und gemeinsam bilden sie ein eigenes Studienfeld, zumindest im Rahmen dieser Heldengeschichte.

Der Leser und die Leserin wird sich daran erinnern, dass das Ganze oft mehr ist als die Summe seiner Teile, und dies gilt insbesondere für das einzigartige, unwiederholbare Geheimnis eines jeden menschlichen Lebens. Auch wenn die Verwendung von Kategorien stets eine Einschränkung birgt und ein System nie ohne Fehler sein kann, so können Kategorien dennoch ein nützliches Werkzeug sein, um unsere Welt zu organisieren und zu verstehen. Vor diesem Hintergrund soll meine Liste von Aspekten (oder Rollen) eine strukturierte, konkrete Hilfestellung sein, um Einblicke in das Leben sowie die Heilige Heldengeschichte des Thomas More zu gewinnen, und vor allem die Bedeutung von Erasmus' Beschreibung als Mann *„omnium horarum"* veranschaulichen:

1. Gehorsamer Sohn (des John More) und verantwortungsbewusster Bürger (Londons, Englands) sowie Angehöriger der christlichen Gemeinde

2. Ehemann, Vater und Familienmensch

3. Jurist, Staatsdiener und Richter

4. Staatsmann, Diplomat und Hofbediensteter

5. Gelehrter, Autor und Lehrer

6. Philosoph und christlicher Humanist

7. Religiöser Asket und ergebener Gläubiger

8. Bekämpfer der Häresie und Verteidiger des Glaubens

9. Diener Gottes und Jünger Christi

10. Märtyrer und Heiliger Held

~

Wie jede historische Person muss Thomas More als Mensch seiner Zeit und nicht im Kontext der unseren verstanden werden. Wir können zurecht davon ausgehen, dass er sein Möglichstes tat, um den angeführten Rollen gerecht zu werden, auch wenn einzelne Autorinnen und Autoren seine Taten nicht immer gleich interpretieren oder seine Handlungen nicht im Einklang mit den Standards des 21. Jh. stehen. Die Ungenauigkeit der historischen Aufzeichnungen erzeugt zudem eine gewisse Unsicherheit (wie es meist der Fall ist), und da über die Jahrhunderte vieles verloren ging, müssen beflissene Historiker und Historikerinnen zwischen Fakten und Legenden unterscheiden. Thomas More war ein Mann seiner Zeit, ihr jedoch – wie viele Biografien, aber auch andere Darstellungen der Populärkultur wie Film oder Theater zeigen – in gewisser Weise voraus. Ich hoffe, dass sich auf diesen Seiten weitere Belege dafür finden lassen.

~

Ich hatte das große Glück, mehr als sechs Lebensjahre in England zu verbringen und dort als Mitglied des Kartäuserordens in Saint Hugh Charterhouse in Horsham, West Sussex, zu leben. Die Kartause des Hl. Hugo wurde in der zweiten Hälfte des 19. Jh. erbaut, jedoch im Stile der mittelalterlichen Architektur. Soweit mir bekannt ist, ist Saint Hugh das letzte Kloster Englands im mittelalterlichen Stil, das noch bewohnt wird. Hätte Heinrich VIII. nicht den Thron bestiegen oder hätten die Natur oder die Vorsehung Königin Katharina von Aragón mit mindestens einem männlichen Erben gesegnet, der den starken, eigenwilligen Vater überlebte, gäbe es heute womöglich weitere englische Klöster aus dem Mittelalter, in denen Mönche die gregorianischen Choräle vergangener Jahrhunderte singen, statt der malerischen Ruinen, die heute die englische Landschaft prägen. Jeder (männliche) Besucher von Saint Hugh Charterhouse – der das große Glück hat, Einlass in die Kirche und den Kapitelsaal zu erlangen – kann die beeindruckenden, lebensechten Gemälde über die Martyrien der Kartäuser studieren, die während der Auflösung der englischen Klöster unter Heinrich VIII. ums Leben kamen. Die unangenehmen Details werden dabei nicht ausgespart, sondern das Erhängen, Ziehen und Vierteilen der drei Prioren ebenso wie die Haft Thomas Mores im Tower of London werden bildhaft dargestellt. More wusste von der Hinrichtung der drei Männer und konnte den Tumult von seiner Zelle aus hören. Man hatte gehofft, Mores Entschlossenheit würde angesichts eines solch qualvollen Todes schwinden. Doch More blieb standhaft und sein Charakter durch das heldenhafte Beispiel der Prioren lediglich gestärkt. More erzählte seiner Tochter Margaret, dass ihn das Opfer der Männer beim Verfassen der wohl letzten Zeilen ihrer Heiligen Heldengeschichte inspirierte.

Ich weiß nicht, ob diese sechs Jahre, die ich in England verbrachte, mich Thomas More, dem Kartäuser-Märtyrer John Fisher oder anderen historischen Persönlichkeiten aus diesem Buch nähergebracht haben, aber ich vermute es. Was mir bleibt, sind Erinnerungen, einige Andenken und eine unbezahlbare kartäuserische Klosterausbildung. Für mich sind England und die Kartause ein Berührungspunkt mit der Geschichte, mit einer längst vergangenen, jedoch nicht ganz vergessenen Zeit … jedoch nicht der einzige. Falls es tatsächlich einen spirituellen Austausch von Gaben in der göttlichen Vorsehung gibt – und ich bin davon überzeugt, dass es ihn gibt –, dann werden diese Gaben in jedem Fall den Gläubigen gereicht, unabhängig davon, ob sie einen bestimmten Ort besuchen oder in einem fernen Land leben. Das Wichtigste ist nicht die physische, sondern die spirituelle Präsenz.

Am Ende dieses Buches finden Sie einige Seiten für persönliche Notizen und Reflexionen. Ich hoffe, Sie werden während der Lektüre die Präsenz des Heiligen Thomas More und all der anderen Heiligen Helden der Reihe spüren, und – was noch wichtiger ist – des Heiligen Herren, dem sie dienten.

Wichtige Daten
1453–1935

1453	Gutenberg erfindet den Buchdruck mit beweglichen Lettern.
1455	Rosenkriege (1455–1485)
1466	Desiderius Erasmus wird geboren.
1478	Thomas More wird geboren.
1483	Richard III., König von England (reg. 1483–1485) Martin Luther wird geboren.
1484	Ulrich Zwingli wird geboren.
1485	Schlacht von Bosworth Field Heinrich VII., König von England (reg. 1485–1509)
1491	Heinrich VIII. wird geboren.
1509	Heinrich VIII., König von England (reg. 1509–1547) Johannes Calvin wird geboren.
1511	Luther zieht nach Wittenberg.
1517	Luther schlägt seine 95 Thesen öffentlich an.
1519	Karl V., Heiliger Römischer Kaiser (reg. 1519–1558)
1520	Luther wird mit der Exkommunikation bedroht.

1521	Luther wird exkommuniziert. Heinrich VIII. wird der Titel Verteidiger des Glaubens verliehen.
1524	Deutscher Bauernkrieg (1524–1525)
1525	Luther heiratet Katharina von Bora.
1526	William Tyndales englische Übersetzung des Neuen Testaments wird in Worms gedruckt.
1527	Heinrich VIII. leitet Annulierungsprozess ein. Plünderung Roms durch kaiserliche Truppen unter Karl V., Heiliger Römischer Kaiser
1529	Reichstage zu Speyer (Ursprung des Wortes *Protestant*) Thomas More wird Lordkanzler von England (1529–1532). Englisches Reformationsparlament wird eingesetzt.
1532	Unterwerfungsakt des Klerus
1533	Thomas Cranmer wird zum Erzbischof von Canterbury ernannt. Act in Restraint of Appeals wird ausgerufen. Cranmer erklärt die Ehe zwischen Heinrich VIII. und Katharina von Aragon für annulliert. Heinrich VIII. ehelicht Anne Boleyn. Anne Boleyn wird zur Königin von England gekrönt.
1534	Act of Succession (Erbfolgegesetz) und Act of Supremacy (Suprematgesetz) Heinrich VIII. wird vom Parlament zum Oberhaupt der Kirche von England ernannt.

1535	Bischof John Fisher wird hingerichtet.
	Sir Thomas More wird hingerichtet.
	Erste vollständige englische Bibelübersetzung wird veröffentlicht.
1536	Auflösung der englischen Klöster (1536–1541)
1538	Heinrich VIII. wird exkommuniziert.
1539	Great Bible (Große Bibel) wird in England veröffentlicht.
1540	Thomas Cromwell wird hingerichtet.
1541	Katholiken und Protestanten sprechen in Regensburg über Versöhnung.
1545	Konzil von Trient (1545–1563) wird eröffnet.
1546	Tod von Martin Luther
	John Knox gewinnt in Schottland an Bekanntheit.
1547	Tod von Heinrich VIII.
	Eduard VI., König von England (reg. 1547–1553)
	Eduard befürwortet Protestantismus.
	Konzil von Trient wird nach Bologna verlegt.
1551	Zweite Sitzung des Konzils von Trient (1551–1552)
1553	Maria I., Königin von England (reg. 1553–1558)
	Maria befürwortetet Katholizismus.
1555	Augsburger Reichs- und Religionsfrieden
	Ketzer gegen den katholischen Glauben werden in England hingerichtet (1555–1558).

1556	Erzbischof Cranmer wird in Oxford auf dem Scheiterhaufen hingerichtet.
1558	Elisabeth I., Königin England (reg. 1558–1603) Elisabeth befürwortet Protestantismus.
1559	John Knox kehrt aus dem Exil in England und der Schweiz nach Schottland zurück.
1560	Vertrag von Edinburgh Reformierte Kirche wird in Schottland eingeführt.
1562	Beginn der Religionskriege in Frankreich Dritte und letzte Sitzung des Konzils von Trient (1562–1563)
1563	Puritanismus entsteht in England.
1564	Tod von Johannes Calvin
1570	Elisabeth I. wird exkommuniziert.
1581	In England werden Strafgesetze gegen Katholiken verabschiedet.
1587	Maria Stuart wird hingerichtet.
1603	Jakob VI., König von Schottland, wird Jakob I., König von England (reg. 1603–1625).
1935	Thomas More wird heiliggesprochen.

Teil Eins

Historischer Kontext

Denkt nicht an das Frühere, und auf das
Vergangene achtet nicht!

Siehe, ich wirke Neues! Jetzt sprosst es auf. Erkennt
ihr es nicht? Ja, ich lege durch die Wüste einen Weg,
Ströme durch die Einöde.

Jesaja 43,18–19

1

Die Druckerpresse

Der beste Ausgangspunkt ist stets der Anfang, und der Anfang der Geschichte als Forschungsgebiet ist die Erfindung der Schrift. Darüber hinaus ist sie Ausgangspunkt unzähliger weiterer Dinge, und man muss kein Historiker oder Sozialphilosoph sein, um zu erkennen, wie dankbar wir, die in der modernen Welt leben, unseren Vorfahren für die Erfindung der Schrift und die Entwicklung der Drucktechnik sein müssen, die uns von den Einschränkungen der mündlichen Überlieferung befreit hat.

Wir sollten einen Moment innehalten und bedenken, dass die heutige Verfügbarkeit des geschriebenen Wortes und die nahezu universelle Alphabetisierung das Ergebnis einer jahrhundertelangen Reihe von Ereignissen sind, und wir die hoch entwickelten Technologien der Moderne und unsere fortschrittliche Bildung dem Griffel und dem Meißel zu verdanken haben. War die Pest der Anstoß für den langsamen, jedoch stetigen Wandel vom Mittelalter hin zur Moderne, so war die Druckerpresse mit beweglichen Lettern sein Katapult. Die Druckerpressen Europas produzierten im späten 15. Jh. eine Vielzahl von Büchern,

Faltblättern und anderen Dokumenten, die die Verbreitung der neuen Ideen der Renaissance und Reformation förderten. So wie das Schießpulver zu seiner Zeit die Kriegsführung revolutionierte, revolutionierte die Druckerpresse die menschliche Gesellschaft – und wirkte dabei nicht weniger explosiv.

Die Ursprünge der Schrift liegen in Sumer in Mesopotamien und reichen bis ca. 3500–3000 v. Chr. zurück. Die frühe Schrift, die von diesen alten Völkern verwendet wurde, wird von modernen Gelehrten als *Keilschrift* bezeichnet (lat. *cuneus*, „Keil"), da sie durch keilförmige Einkerbungen entstand, die ein Schreiber mit einem Schilfgriffel in eine nasse Tontafel drückte. Sobald die Tafel beschrieben war, ließ man sie in der Sonne trocknen und aushärten. Das Ziel dieser frühen Form der Schrift war es nicht, Geschichten, Mythen oder historische Begebenheiten festzuhalten, und das verwendete Vokabular war weder ausgefeilt noch umfangreich. Not macht bekanntlich erfinderisch, und so wurde die Schrift zunächst entwickelt, um den Bedürfnissen von Kaufleuten, Händlern und Steuerbeamten gerecht zu werden, die ein System benötigten, mit dem sie Waren und Zahlungen verfolgen konnten.

Daher enthalten die ältesten erhaltenen Tontafeln alltägliche Finanzaufzeichnungen. Mit dem Fortschreiten der Zivilisation und dem Aufkommen ummauerter Städte sowie urbaner Gesellschaften in Mesopotamien und Ägypten suchten die Herrscher nach Möglichkeiten, größere Bevölkerungsgruppen effektiver zu regieren. Zu den frühen Piktogrammen (bildliche

Darstellungen einzelner Wörter) der sumerischen Keilschrift und den ägyptischen Hieroglyphen kamen Phonogramme (Symbole, die Laute repräsentieren), und schließlich wurden die ersten Alphabete von den Kanaanitern, Ägyptern und Minoern entwickelt (etwa Linearschrift A und B, gefunden auf den Tafeln von Knossos). Die phönizischen Städte Tyros, Sidon und Byblos übernahmen diese Idee und ihre seefahrenden Kaufleute verbreiteten sie in anderen Teilen des Mittelmeerraums, insbesondere bei den Griechen, die ihren eigenen Schriftzeichen Vokale hinzufügten und das erste vollständige Alphabet schufen. Sie entwickelten zudem eine vereinfachte Schreibweise, die das geschriebene Wort zugänglicher machte. Dadurch verkürzte sich die Ausbildungszeit für Schreiber, die nun statt Hunderter oder sogar Tausender einzelner Zeichen nur noch zwanzig bis dreißig Zeichen lernen mussten. Sobald das Lesen und Schreiben leichter zu erlernen war, verbreitete sich die Alphabetisierung über eine elitäre Gruppe hoch qualifizierter Spezialisten hinaus. Darüber hinaus war das alphabetische System wesentlich flexibler und ermöglichte eine größere Vielfalt an Kombinationen, wodurch anspruchsvollere Dokumente verfasst werden konnten. Geschichten, Literatur und historische Begebenheiten konnten festgehalten werden, und die Gelehrsamkeit war geboren. Rom übernahm das Konzept eines Alphabets, und als die Legionen die griechisch-römische Zivilisation im gesamten Mittelmeerraum verbreiteten, beeinflussten Latein und Griechisch die Entwicklung vieler europäischer Sprachen.

Unabhängig davon entwickelten sich Schriften in China (um 1200 v. Chr.) sowie in Mesoamerika durch die Maya (um 500–250 v. Chr.). Zeitgleich mit der Erfindung der Schrift kam es in all diesen Gebieten zu technologischen Fortschritten bei Schreibgeräten, Tinten und Schreibunterlagen. Tontafeln wurden schließlich durch Papyrus ersetzt, der zuerst in Ägypten verwendet wurde und sich später im gesamten Mittelmeerraum verbreitete. Papyrus wurde aus dem Mark der Papyruspflanzen hergestellt, die entlang des Nils reichlich wuchsen. Pergament, eine haltbarere, jedoch teure Alternative zu Papyrus, wurde hergestellt, indem Tierhäute in der Sonne getrocknet und dann in Blätter geschnitten wurden. Im Osten wurde Seide verwendet, ebenso wie eine primitive Form von Papier aus Hanffasern, und um 100 v. Chr. erfanden die Chinesen eine brauchbare Form von Papier, das in großem Umfang zum Schreiben verwendet werden konnte. Die Papierindustrie expandierte und verbreitete sich nach Westen, bis sie schließlich im 13. Jh. nach Italien und im 14. Jh. nach Deutschland gelangte.

Die Produktion handgeschriebener Texte ist jedoch aufwendig und mühsam und mit dem Fortschritt der Gesellschaften entwickelte sich die Schreibtechnik zwangsläufig zur Drucktechnik weiter. Der Holzschnitt wurde erfunden, bei dem Zeichen, Buchstaben, Wörter, Symbole oder Illustrationen in eine Holzplatte geschnitzt werden, die anschließend mit Tinte bestrichen und auf Papier gedrückt wird. Diese Technik ermöglichte die Massenproduktion bedruckter Blätter und wurde erstmals im frühen 8. Jh. in China eingesetzt. Allerdings hatte diese Methode ihre Grenzen, da mit einem geschnitzten Block nur eine unveränderliche Seite hergestellt werden konnte. Man benötigte ein Drucksystem mit beweglichen Lettern (einzelne Plättchen mit jeweils einem Zeichen).

Dies wurde schließlich möglich, als sich die Gravurtechniken verbesserten und Keramik oder Metall anstelle von Holz verwendet wurde. Holzplatten konnten nur schwer in ausreichender Stückzahl hergestellt werden und die Schnitzereien darauf nutzten schneller ab als Gravuren auf Keramik und Metall. Keramik war jedoch zerbrechlich und Metalloberflächen erforderten eine andere Art von Tinte als beim Holzschnittdruck. Diese Schwierigkeiten behinderten vorerst die weitere Entwicklung von Druckerpressen und Druckerzeugnissen. Allerdings bereits Mitte des 11. Jh. – 400 Jahre bevor Johannes Gutenberg die erste europäische Druckerpresse erfand – entwickelten die Chinesen ein Drucksystem mit beweglichen Lettern, bei dem Keramikfliesen auf einem Metallrahmen befestigt werden. Bis zur Mitte des 12. Jh. wurden Bücher in China immer leichter verfügbar, was zur Entstehung einer gebildeten und belesenen Bürgerschicht beitrug. Auch die Holzschnitttechnik wurde weiter verbessert, sodass sie in Verwendung blieb.

Europäische Alphabete eignen sich für den Druck mit beweglichen Lettern besser als Piktogrammschriften wie die sumerische Keilschrift, die ägyptischen Hieroglyphen oder die chinesischen Schriftzeichen, da sie aus einer relativ geringen Anzahl von Buchstaben bestehen und nicht aus tausenden einzelnen Piktogrammen. Ab 1450 verfügte Europa über eine eigene Druckerpresse mit beweglichen Lettern, als Johannes Gutenberg, ein Erfinder aus Mainz, die verbesserten metallurgischen Techniken nutzte und eigene Buchstabenplättchen aus Messing und Blei herstellte, die auf einer Druckplatte befestigt und nach Abschluss eines Druckauftrags abgewischt und wiederverwendet wurden. Diese Gusstechnik war an sich bereits ein revolutionärer Fortschritt und ermöglichte die Herstellung vieler haltbarer Plättchen. Gutenberg mischte zudem eine eigene Tinte, die sich für die Metalllettern eignete, und perfektionierte eine Methode zum Glätten von Papier mit einer modifizierten Weinpresse. Sein berühmtestes Werk war eine lateinische Vulgata, bekannt als die Gutenberg-Bibel, von der einige Exemplare auf Papier und andere auf Pergament gedruckt wurden.

Gutenbergs Druckerpresse war weniger eine originelle Erfindung als vielmehr eine geniale Kombination technologischer Verbesserungen, von denen er einige selbst entwickelt hatte. Seine Drucktechnik verbreitete sich in den 1450er Jahren in anderen deutschen Städten (Straßburg, Augsburg und Nürnberg), in den 1460er Jahren in Italien (Rom, Mailand, Florenz und Neapel), in den 1470er Jahren in Frankreich (Paris, Lyon), Flandern (Brügge, im heutigen Belgien) sowie Spanien (Valencia) und in den 1490er Jahren in Portugal (Lissabon). Der Engländer William Caxton erlernte das Druckerhandwerk in Köln und kehrte 1476 aus Brügge nach England zurück, um in der Westminster Abbey eine Druckerei einzurichten, in der er bis zu seinem Tod im Jahr 1491 tätig war. Caxton ist vor allem für seine Veröffentlichung von Malorys *Le Morte Darthur* im Jahr 1485 bekannt.

Die Druckerpresse löste eine kulturelle Revolution aus, die so bedeutend wie jede andere in der Geschichte war. Bücher konnten nun in Massen produziert, weit verbreitet und zu einem erschwinglichen Preis erworben werden. Die Alphabetisierungsrate stieg in ganz Europa, und Wissen, das einst ausschließlich der gebildeten Elite und den Aristokraten Europas vorbehalten war, wurde bald auch der aufstrebenden Mittelschicht zugänglich. Dies hatte sowohl in der Religion als auch der Bildung wichtige und weitreichende Folgen: Nun konnten alle eine Bibel besitzen und für sich interpretieren. Die Gutenberg-Bibel wurde in Latein gedruckt, doch schon bald erschienen auch englische und deutsche Übersetzungen, die sich im Ausland verbreiteten. Der Papst sah darin eine Bedrohung, waren doch viele Lehren und Praktiken der Kirche in der Heiligen Schrift nicht zu finden. Darüber hinaus erleichterte die Druckerpresse die Veröffentlichung von Flugblättern und Plakaten sowie von Büchern. Martin Luther hatte nicht die Absicht, seine 95 Thesen großflächig zu verbreiten, als er sie 1517 anschlug, doch sie wurden zunächst ohne seine Erlaubnis nachgedruckt. Kurzum: Die Reformation und ihre explosiven Folgen wären ohne die Druckerpresse nicht möglich gewesen.

Klemens von Metternich (1773–1859), Kanzler und Außenminister des österreichischen Kaiserreichs, sagte einmal über Napoleon Bonaparte (1769–1821), dass er in jeder Epoche erfolgreich gewesen wäre, es jedoch sein großer Vorteil war, im 18. Jh. geboren und zu Beginn der Französischen Revolution in Frankreich erwachsen geworden zu sein. Diese Beobachtung bezieht sich auf das Zusammentreffen von *Chronos*-Zeit und *Kairos*-Zeit, und dasselbe könnte man über die Druckerpresse mit beweglichen Lettern sagen: Sie hätte in jeder Epoche, in der sie erfunden worden wäre, Wirkung gezeigt. Doch ihre revolutionären Auswirkungen wurden durch die Ereignisse, die sich zu jener Zeit in Europa abspielten, noch verstärkt, nämlich:

1. das Ende des Hundertjährigen Krieges im Jahr 1453 sowie die Vertreibung der englischen Truppen aus Frankreich, was Frankreich eine Phase der Erholung und Konsolidierung ermöglichte;

2. die Eroberung Konstantinopels durch die Osmanen, ebenfalls im Jahr 1453, die die byzantinische Herrschaft beendete und griechische Gelehrte zur Flucht nach Westeuropa zwang, die antike Manuskripte mitbrachten, die westlichen Gelehrten zuvor nicht zugänglich gewesen waren;

3. die Renaissance, insbesondere die fortschrittlichen Ideen des Humanismus;

4. der Beginn des Zeitalters der Entdeckungen im Jahr 1492, das dank der Druckerpresse der faszinierten Leserschaft Berichte der Abenteurer und Entdecker aus erster Hand sowie Beschreibungen bisher unbekannter Länder und Völker lieferte;

5. die Reformation, die 1517 begann und zur Spaltung des Christentums und den darauffolgenden europäischen Religionskriegen führte.

~

William Caxton kehrte 1476 nach England zurück und druckte binnen eines Jahres das erste Buch, das je auf englischem Boden gedruckt wurde – ein Jahr vor der Geburt von Thomas More im Jahr 1478. Auch hier finden wir Hinweise auf die Konvergenz von *chronos* und *kairos*, und Metternichs Beobachtung mag auch hier anwendbar sein: More wäre in jedem Zeitalter, in das er geboren worden wäre, erfolgreich gewesen. Doch für seinen Aufstieg in der englischen Gesellschaft war es besonders förderlich, dass er zu einer Zeit geboren wurde, als in England mit dem Buchdruck begonnen wurde, Druckerpressen sich auf dem Kontinent verbreiteten und die Alphabetisierung in Europa zunahm. Es ist, als wäre er in einem *kairos*-Moment geboren worden, als wäre er dazu *bestimmt gewesen*, zu einem bestimmten Zeitpunkt in der Geschichte geboren zu werden.[1] Tatsächlich fällt es schwer, sich Thomas More ohne Bücher

---

[1] Geschichte mit der Brille des Glaubens zu lesen (eine angemessene Art, christliche Heldengeschichten zu lesen) bedeutet nicht, dass wir sie *eisegetisch* lesen (unsere eigenen Ideen, Überzeugungen, Vorurteile und Vorannahmen hineininterpretieren). Vielmehr bemühen wir uns, die Geschichte *exegetisch* zu lesen, das heißt, aus historischen Ereignissen herauszulesen, was Gott mitteilen oder erreichen wollte. Dieser Ansatz verlangt skeptischen Empirismus sowie gesunden Menschenverstand, um fantasievolle Interpretationen zu vermeiden, während wir versuchen, Gottes Wirken in der Geschichte und im Leben seiner Heiligen zu erkennen.

vorzustellen, und ohne diese wäre er nicht derselbe Mensch gewesen und hätte auch nicht denselben Einfluss auf die Geschichte gehabt – auch wenn man dasselbe von Erasmus und anderen einflussreichen Humanisten sowie von Luther und anderen bedeutenden Reformatoren sagen könnte. Metternichs Beobachtung verdeutlicht, dass bedeutende Ereignisse und tiefgreifende Veränderungen stattfinden, wenn *kairos* und *chronos* zusammenfallen.

~

Obwohl Gutenberg, Caxton und andere frühe Drucker Europas das Drucken als unternehmerisches Vorhaben und nicht zur Förderung intellektueller, religiöser oder politischer Bewegungen betrieben, befeuerten sie dennoch ausnahmslos die Demokratisierung von Wissen, einen Anstieg der Gelehrsamkeit sowie einen in der Geschichte bislang unbekannten intellektuellen Egalitarismus. Diese Entwicklung versprach mehr Aufklärung, barg aber auch das Potenzial, die traditionelle Autorität von Kirche und Staat zu untergraben. Um 1500 waren in ganz Europa bereits Hunderte Druckerpressen in Betrieb, und Alexander VI. (der „Borgia-Papst") hielt es 1501 für notwendig, denen, die ohne Erlaubnis der Kirche Bücher druckten, mit der Exkommunikation zu drohen.

Sich Humanisten und Reformer ohne die weitverbreitete Verfügbarkeit von Büchern vorzustellen, ist ebenso unmöglich, wie Renaissance und Reformation ohne Druckerpressen.

Humanisten nutzten die Pressen im Dienste der Renaissance, Reformer im Dienste der Reformation. Im Dienste einer Person oder einer Sache zu stehen, bedeutet jedoch nicht zwangsläufig, weniger Bedeutung oder Macht zu haben. Die Druckerpresse erleichterte die Verbreitung der Renaissance und der Reformation (sowie vieler anderer Dinge), und wenn das Wort *revolutionär* Einfluss bedeutet, dann ist es erwähnenswert, dass die Druckerpresse ebenso revolutionär war wie die Bewegungen, denen sie diente. Schrift und Druck dienen nicht nur der Aufzeichnung und Weitergabe von Geschichte, sondern tragen auch zu ihrer Gestaltung bei.

2

Die Renaissance

Die Datierung historischer Epochen ist nicht immer eine exakte Wissenschaft. Es gibt Zeiträume, für die es möglich ist, Anfangs- und Enddaten festzulegen, einige lassen sich jedoch nicht so einfach abgrenzen. Der Beginn der normannischen Eroberung Englands lässt sich beispielsweise auf die Schlacht von Hastings datieren, die sich am 14. Oktober 1066 zugetragen hat. Ebenso leicht zu datieren ist das Ende des Byzantinischen Reiches mit dem 29. Mai 1453, dem Tag, an dem Sultan Mehmed und die osmanischen Türken Konstantinopel eroberten. Die Datierung anderer Epochen wie der Renaissance ist jedoch problematisch. Tatsächlich ist es unmöglich, genau zu bestimmen, wann die Renaissance begann oder endete, da keine bestimmte Person oder kein bestimmtes Ereignis sie ausgelöst oder beendet hat. Wie also können wir die Renaissance verstehen?

Zunächst einmal ist *Renaissance* ein *Begriff*, der *Wiedergeburt* bedeutet. Es stammt ursprünglich von Giorgio Vasari (1511–1574), der in seinen 1550 *Viten* das Wort „*rinascita*" (*Wiedergeburt*) verwendete, um die kulturelle und künstlerische Wiederbelebung zu beschreiben, die seit dem 14. Jh. in Italien stattfand. *Rinascita* wurde ins Französische als *renaissance* (von *renaître*, wiederbeleben, und *naissance*, Geburt) übersetzt und im frühen 19. Jh. in die englische Sprache übernommen. Der Begriff *Renaissance* wird von Historikern auch verwendet, um andere Zeiträume kultureller und intellektueller Wiederbelebung zu bezeichnen, die neben der hier behandelten Renaissance von geringerer historischer Bedeutung sind. Dazu gehören:

a. die karolingische Renaissance des 8. und 9. Jh.;

b. die ottonische Renaissance des 10. und 11. Jh.;

c. die Renaissance des 12. Jh. unter der Führung der Schule von Chartres.

Darüber hinaus ist die Renaissance ein *Zeitraum* (ca. 1350–ca. 1600). Während sich Europa im 15. Jh. von den Katastrophen des 14. Jh. erholte, verbreitete sich unter Gelehrten die Vorstellung, dass die Zeit zwischen dem Untergang des Weströmischen Reiches im 5. Jh. (ca. 476) und ihrer eigenen Zeit eine Art „Mittelalter" oder eine dunkle Periode der Zivilisation („Dark Ages") war, die die Lücke zwischen der klassischen Welt des antiken Griechenlands und Roms sowie ihrer eigenen Welt überbrückte. Gelehrte des 15. und 16. Jh. suchten Inspiration in der Antike und versuchten, die Weisheit der griechischen und römischen Autoren wiederzuentdecken. Auf ihre Bestrebungen wirkte sich günstig aus, dass Konstantinopel 1453 an die osmanischen Türken fiel, was zu einer Migration griechischer

Gelehrter führte, die eine Fülle antiker griechischer und lateinischer Manuskripte in den Westen brachten.

Für uns in der modernen Welt kann die Renaissance auch als ein *Zeitraum* oder eine *Übergangszeit* betrachtet werden, die sich mit dem späten Mittelalter und der frühen Neuzeit überschnitt. Sie verlief jedoch nicht in ganz Europa gleichzeitig und einheitlich, weshalb Historiker zwischen der südlichen (italienischen) Renaissance (ca. 1350–ca. 1527[2]) und der nördlichen (deutschen) Renaissance (ca. 1450–ca. 1600) unterscheiden. Die Renaissance überschnitt sich zudem mit dem Zeitalter der Entdeckungen, das 1492 begann, sowie mit der Reformation, die 1517 einsetzte.

Des Weiteren war die Renaissance eine *kulturelle und intellektuelle Bewegung*, deren Ursprung in florierenden italienischen Städten wie Florenz (wo nach Ansicht vieler Historiker die Renaissance ihren Anfang nahm), Genua, Mailand, Venedig und Neapel lag. Wohlhabende italienische Herrscher und Kaufleute häuften durch den Handel im Mittelmeerraum große Reichtümer an und verwendeten einen Teil davon zur Förderung von Kunst, Wissenschaft und Bildung. Wer heute an die Renaissance denkt, dem kommen in der Regel Kunstwerke in den

---

[2] Rom wurde 1527 von kaiserlichen Truppen geplündert. Dieses Datum wird von Historikern üblicherweise als das Ende der süditalienischen Renaissance angesehen, ist jedoch keineswegs exakt.

Sinn, insbesondere die Gemälde, Skulpturen und Gebäude der großen Meister der Hochrenaissance (1480–1527), nämlich:

- Leonardo da Vinci (1452–1519): *Die Felsengrottenmadonna* (Gemälde, 1483–1485), *Das letzte Abendmahl* (Fresko, 1495–98), *Mona Lisa* (Gemälde, 1503–1505);

- Michelangelo Buonarroti (1475–1564): *Pietà* (Skulptur, 1499), *David* (Skulptur, 1501–1504), *Moses* (Skulptur, 1513–1515), *Sterbender Sklave* (Skulptur, 1513–1516), *Gefesselter Slave* (Skulptur, 1516–1519), sowie das Deckenfresko der Sixtinischen Kapelle (1508–1512);

- Raphael Santi, oder Sanzio (1483–1520): *Die Schule von Athen* (Fresko, 1508–1511);

- Sandro Botticelli (1445–1510): *Die Geburt der Venus* (Gemälde, 1482–1486) und *Pallas Athene und der Kentaur* (Gemälde, 1482);

- Donato Bramante (1444–1514): Tempietto von San Pietro in Montorio (Gewölbe, 1502);

- Lorenzo Ghiberti (1378–1455): Bronzetüren am Baptisterium San Giovanni in Florenz (1425–1452);

- Filippo Brunelleschi (1377–1446): Kuppel des Doms zu Florenz, Santa Maria del Fiore (1417–1436);

- Donatello (1386–1466): *Heiliger Markus* (Skulptur, 1411–1413) und *David* (Skulptur, 1430–1440);

- Hugo van der Goes (1440–1482): *Portinari-Triptychon* (Gemälde, 1475–1478);

- Albrecht Dürer (1471–1528), *Selbstbildnis im Pelzrock* (1500).

Diese und viele weitere zeitlose Kunstwerke wurden durch wohlhabende Mäzene der Renaissance wie die Medici, Pitti und Strozzi ermöglicht, die um die Förderung großartiger Kunstwerke wetteiferten. Zu den bekanntesten dieser Mäzene gehörten Cosimo de' Medici (1389–1464) sowie sein Urenkel Lorenzo „der Prächtige" (1449–1492)[3], Mitglieder einer mächtigen Florentiner Bankiersfamilie. Auch Renaissance-Päpste wie Alexander VI. (1431–1503) und Julius II. (1443–1513)[4] sowie andere hochrangige Prälaten gaben prächtige Kunstwerke in Auftrag, um das Ansehen der Kirche sowie ihr eigenes zu erhöhen. Diese Kunstwerke wurden durch eine vorherige Generation von Künstlern ermöglicht, die neue Techniken entwickelten, insbesondere Giotto di Bondone (1266–1336), der als erster Maler der Renaissance und „Vater der Renaissancekunst" bekannt ist. Sein Einfluss und der weiterer bedeutender Maler der Frührenaissance wie Masaccio (1401–1428) wurde leider durch den Ausbruch der Pest (1347–1351) verzögert, die zu weitreichenden Disruptionen in der europäischen Gesellschaft führte.[5]

Während Innovationen in der Kunstwelt zur *kulturellen Renaissance* in Europa beitrugen, umfasste die Renaissance auch

---

[3] Dem Niccolò Machiavelli *Der Fürst* widmete.

[4] In der Geschichte bekannt jeweils als „Borgia-Papst" bzw. „Kriegerpapst".

[5] Eine der vielen Auswirkungen der Pest auf die mittelalterliche Gesellschaft zeigte sich in der Kunst, die düsterer und makabrer wurde.

eine *intellektuelle Bewegung*, deren Grundlage der Humanismus war. Der Begriff *Humanismus* kam jedoch erst im 19. Jh. auf, und die Renaissance-Gelehrten betrachteten sich selbst nicht als *Humanisten. Humanismus* ist ein vager und flexibler Begriff, der sich weiterentwickelt hat und heute eine Vielzahl von Bedeutungen hat. Was wir jedoch unter *Renaissance-Humanismus* verstehen, geht auf Leonardo Bruni (1374–1444) aus Florenz zurück, der als Erster den Begriff „*umanista*" verwendete, um die Geisteswissenschaften als Studienfach zu klassifizieren. Zu den ersten, die humanistische Ideen einführten, gehörten Petrarca (1304–1374, gilt als „Vater des Humanismus"), Dante Alighieri (1265–1321) und Giovanni Boccaccio (1313–1375).

Doch selbst der Begriff *Renaissance-Humanismus* ist so flexibel, dass er sich nur schwer definieren lässt, außer als ein weit gefasster, allgemeiner Begriff, der zahlreiche und manchmal widersprüchliche Ideologien umfasst. Er lässt sich vielleicht am besten als Bildungsphilosophie verstehen und weniger als Methodik oder Studienfach mit spezifischen Inhalten. Die zentrale Idee des Humanismus ist Protagoras' Vorstellung, dass „der Mensch das Maß aller Dinge ist"; ein Grundsatz, der einen grundlegenden Wandel vom gottzentrierten Universum des Mittelalters hin zu einer menschenzentrierten Weltanschauung in der Frühen Neuzeit förderte (was erklärt, weshalb dem Renaissance-Humanismus die Förderung von Individualismus und säkularen Werten zugeschrieben wird). Humanismus stand nicht unbedingt im Widerspruch zu den Lehren der Kirche, schuf jedoch durch seine Ablehnung des scholastischen Obskurantismus und seine Betonung der Menschlichkeit gegenüber der Göttlichkeit eine gewisse Zweideutigkeit.

So wie der Humanismus nicht eindeutig als eigenständige Philosophie oder Denkschule klassifiziert werden kann, waren Humanisten nie eine homogene Gruppe von Denkern, und der Inhalt der *studia humanitatis* war stets Gegenstand von Debatten. Renaissance-Humanismus war eher eine Kultur des Lernens, die folgenden Aspekten besondere Bedeutung beimaß:

- Studium der klassischen Sprachen und Rückkehr zu den Quellen (*ad fontes*) der antiken griechischen und römischen Texte;

- Kritische Analyse und fundierte Forschung auf der Grundlage von Grammatik, Rhetorik (der Kunst der Überzeugung, der Darstellung überzeugender Argumente) sowie klassischer Literatur;

- Ablehnung des mittelalterlichen Rittertums, der Scholastik sowie – für einige Humanisten – der sozialen und politischen Institutionen des Feudalismus;

- die Würde des Menschen und Verherrlichung der menschlichen Natur;

- das vage, aber ansprechende Konzept der *studia humanitatis*, ein Begriff, der in den Schriften von Cicero (106–43 v. Chr.) zu finden ist und sich auf das „Studium der Menschheit" oder das Studium dessen bezieht, was es bedeutet, Mensch zu sein;

- der ebenso flexible Begriff der *bonae litterae* (wörtlich: „gute Buchstaben" oder „fundiertes Wissen"), der gut entwickelte Sprachkenntnisse fördert, die eine effektive Teilnahme am öffentlichen Leben erlauben.

Die Humanisten der Renaissance strebten nach einer *rinascita,* einer *Wiedergeburt* des Wissens und der Weisheit der Antike, die ihnen helfen sollte, höhere intellektuelle, moralische, bürgerliche und soziale Tugend (lat. *virtus,* Stärke, Exzellenz) zu erlangen. Indem sie in der antiken Welt nach Inspiration und Wissen suchten, förderten die Humanisten eine Reformbewegung im Bereich der Bildung, die die Bedeutung der antiken heidnischen Literatur anhob, die zuvor dem Studium der Theologie untergeordnet war. Für humanistische Gelehrte war die klassische Literatur nicht nur eine Sammlung von Hinterlassenschaften ausgestorbener Zivilisationen, sondern stellte vielmehr eine lebendige Quelle (lat. *fons*) des Wissens dar, deren Nützlichkeit und Wert losgelöst von Zeit und Raum Gültigkeit bewahrte. Die Humanisten befürworteten eine „Rückkehr zu den Quellen" (*ad fontes*) und glaubten, dass die Weisheit, die sie aus der Lektüre antiker Autoren gewannen, im Dienste des Christentums und der zeitgenössischen Gesellschaft genutzt werden könne, insbesondere zur Förderung guter politischer Führung.

Die frühen Humanisten waren überwiegend geistliche Gelehrte, doch mit der zunehmenden Verfügbarkeit von Büchern dank der Druckerpresse verbreiteten sich humanistische Ideen von Italien aus nach Norden in alle Teile Europas, und der

Humanismus gewann unter weltlichen Gelehrten und Laien an Bedeutung. Obwohl die meisten Humanisten Christen waren und dem christlichen Glauben keinen Schaden zufügen wollten, erkannte die Kirche den Humanismus aufgrund seiner Vielfältigkeit und breiten Anwendung sowie seiner Konzentration auf heidnische Quellen als potenzielle Bedrohung. Frühe Reformatoren wie Martin Luther, Johannes Calvin und Ulrich Zwingli waren ebenso wie König Heinrich VIII. und William Tyndale in England stark von humanistischen Ideen beeinflusst.

Humanisten gründeten schließlich öffentliche Bibliotheken und engagierten sich in der Politik und in anderen Formen des öffentlichen Dienstes, etwa der Lehre oder dem Verfassen und Veröffentlichen von Büchern. Immer mehr Bücher, darunter auch Bibelübersetzungen, wurden in der lokalen Umgangssprache gedruckt, was zur Standardisierung der gängigen Sprachformen beitrug. Das Zeitalter der Entdeckungen, das 1492 mit der Reise von Kolumbus begann, erleichterte die Verbreitung humanistischer Ideen in andere Teile der Welt. Die Puritaner etwa brachten humanistische Ideen nach Nordamerika.

Das bleibende Vermächtnis des Humanismus besteht darin, dass er das Bildungswesen veränderte und ein weltweites Netzwerk von Gelehrten mit gemeinsamen Werten und Bildungsmethoden schuf. Der Renaissance-Humanismus wich schließlich einer Ära zunehmender Spezialisierung, die mit der wissenschaftlichen und industriellen Revolution des 16. bis 19. Jh. einherging. Doch auch heute noch hat das Studium der

Geisteswissenschaften seinen Platz an Hochschulen und Universitäten, da der Mensch niemals das Interesse daran verlieren wird, zu erforschen, was es bedeutet, Mensch zu sein.

3

Wurzeln der Reformation

Im vorhergehenden Kapitel habe ich dargelegt, dass sich Beginn und Ende einiger Epochen der Geschichte nicht ohne Weiteres bestimmen lassen. In diesem Kapitel füge ich hinzu, dass es, wenn überhaupt, nur wenige historische Ereignisse gibt, die ohne Grundlage oder vorhergehenden Präzedenzfall stattfanden, selbst in Epochen, deren Beginn und Ende sich klar definieren lassen. Ich werde in diesem Kapitel auch darauf eingehen, dass die Veröffentlichung Luthers *95 Thesen*, in ihrem historischen Kontext betrachtet, zwar entscheidend, aber nicht beispiellos war und dass die Wurzeln der Reformation Jahrhunderte vor 1517 liegen.

Historiker haben sich darauf verständigt, dass der Beginn der Reformation auf einen bestimmten Tag datiert wird: den 31. Oktober 1517[6], den Vorabend von Allerheiligen, an dem Martin Luther seine *95 Thesen* anschlug (oder in einer Form

---

[6] Der 31. Oktober wird von einigen protestantischen Kirchen jährlich als Reformationstag gefeiert.

öffentlich machte). Die Wurzeln der Reformation lassen sich jedoch über Jahrhunderte zurückverfolgen. Ebenso haben Historiker mögliche Enddaten der Reformation vorgeschlagen, etwa den Augsburger Reichs- und Religionsfrieden (25. September 1555), den Beginn des Dreißigjährigen Krieges (23. Mai 1618) oder die Unterzeichnung des Westfälischen Friedens (24. Oktober 1648), der den Dreißigjährigen Krieg beendete. Über das Enddatum der Reformation herrscht jedoch kein allgemeiner Konsens, und die Folgen dieser Epoche sind bis heute spürbar. Diese Ambiguität zeigt, dass Kategorien und Einteilungen zwar notwendig sind, um unsere Welt zu verstehen, die Bestimmung von Anfangs- und Enddaten historischer Zeiträume jedoch in gewisser Weise künstlich ist. Darüber hinaus kann diese Praxis irreführend sein, wenn sie so verstanden wird, dass sie die Ereignisse dieser Perioden von ihren Vorläufern und Nachfolgern abgrenzt oder trennt. Wir müssen uns stets der Kontinuität von Geschichte bewusst sein und dem Drang widerstehen, zu sehr zu kategorisieren, da dies unweigerlich die wesentliche Komplexität der Realität verschleiert. Unser Ziel sollte stets die Kontextualisierung sein.

Vor diesem Hintergrund sollte Luthers Anschlag seiner *95 Thesen* als Teil einer Abfolge von Ereignissen und als Fortsetzung (vielleicht sogar als Höhepunkt) der Arbeit früherer reformorientierter Denker betrachtet werden und nicht als beispielloser Bruch mit der Vergangenheit. Wenn ich betone, dass nichts in der Geschichte ohne Vorläufer geschieht und alles seine Wurzeln in der Vergangenheit hat, möchte ich damit keineswegs eine deterministische Sichtweise der Geschichte unterstützen oder eine, die sich auf das Schicksal stützt. Der freie Wille und die Selbstbestimmung spielen im menschlichen Handeln und in der Geschichte stets eine zentrale Rolle. Martin Luther hat nicht das gesamte Brennholz zusammengetragen, auf dem der Flächenbrand der Reformation ausbrach, aber das Feuer entfacht.

~

Um die Wurzeln der Reformation zu verstehen, müssen wir bis zu Konstantin dem Großen (reg. 306–337) zurückgehen, der zum alleinigen Kaiser der westlichen Hälfte des Römischen Reiches wurde, nachdem er seine Legionen von Britannien und Gallien bis vor die Tore Roms marschieren ließ und am 28. Oktober 312 Maxentius in der Schlacht an der Milvischen Brücke besiegte. Ein Jahr später kam er mit Licinius, dem Kaiser der östlichen Hälfte des Reiches, zusammen und sie unterzeichneten das Edikt von Mailand, oder Toleranzedikt, (313), das allen Menschen im Reich, einschließlich der Christen, Religionsfreiheit gewährte. Obwohl Konstantin erst kurz vor seinem Tod getauft wurde, begann er bereits während seiner langen Regierungszeit eine Politik, die die christliche Kirche begünstigte und ihr Wachstum förderte.

Konstantin knüpfte an seinen Sieg von 312 an, indem er Licinius 324 in der Schlacht von Chrysopolis besiegte. Im selben Jahr verlegte er die Hauptstadt des vereinigten Römischen Reiches von Rom nach Byzanz, einer strategisch günstig gelegenen Stadt auf der Westseite des Bosporus, und benannte sie (wenig überraschend) in Konstantinopel um. Dies ist der Ursprung des Byzantinischen oder Oströmischen Reiches, das seinen westlichen Nachbarn um tausend Jahre überdauerte. Historiker datieren das Ende des Weströmischen Reiches üblicherweise auf das Jahr 476, als der letzte römische Kaiser, Romulus Augustulus (damals noch ein Junge), von Odoaker, dem ersten barbarischen König Italiens, abgesetzt wurde. Der Untergang des Oströmischen Reiches lässt sich problemlos auf das Jahr 1453 datieren, als die osmanischen Türken Konstantinopel eroberten.

Nachdem Konstantin 313 das Christentum per Dekret erlaubt hatte, verabschiedete er Gesetze, die die Kirche stärkten, und leitete eine Politik ein, die sie zu einem wichtigen Instrument seiner Regierung machte: eine Politik der Integration, die er nach seinem Sieg über Licinius im Jahr 324 ausweitete. Die Kontrolle über beide Hälften des Reiches zu gewinnen, war eine monumentale Leistung gewesen, aber eine ebenso monumentale Aufgabe war es, das Reich in Frieden zu regieren. Das Christentum bot Konstantin ein Mittel, um politische Stabilität zu fördern und die unter seiner Kontrolle stehenden Gebiete zu vereinen. Die Kirche wurde zu einer Art „Ministerium" innerhalb seiner Regierung. Mit dieser neu gewonnenen Bedeutung kamen Reichtum und „Berufungen". Als es sicher wurde, Christ zu sein, stieg die Zahl der Anhänger an und der Dienst in der Kirche wurde zu einer begehrten Laufbahn, selbst jene, die dem Glauben weniger zugetan waren. Weltliche Seelen, die wenig Interesse an der Mission der Kirche hatten, konnten Machtpositionen erreichen, womit eine gewisse Säkularisierung einherging. Dass

Konstantin das Christentum als Mittel zur Vereinigung seines riesigen Reiches nutzte, war für die Wurzeln der Reformation von Bedeutung: Zum ersten Mal wurde die Kirche in Staatsangelegenheiten einbezogen, wodurch ein Präzedenzfall für die Beteiligung der Kirche an der weltlichen Regierung geschaffen wurde.

Als sich die Kirche in ganz Europa ausbreitete und barbarische Stämme zum Christentum übertraten, stieg der Bedarf an Geistlichen als Seelsorger und Verwalter. Nach dem Niedergang der westlichen Provinzen und der Plünderung Roms im Jahr 410 gerieten die Überreste des einst mächtigen Weströmischen Reiches unter die Kontrolle barbarischer Könige. In Ermangelung einer offiziellen Regierung entwickelte sich das Feudalsystem, und neben der Kirche wurde der Landadel zur zentralen Regierungsinstitution. Söhne wohlhabender Landbesitzer, die nicht dazu bestimmt waren, die Ländereien ihres Vaters zu erben, konnten eine Laufbahn als Ritter einschlagen oder sich für eine in der Kirche entscheiden, was nicht nur der Aristokratie, sondern auch den Bauern einen gangbaren Weg bot. Eine Anstellung in der Kirche konnte prestigeträchtig und lukrativ sein, und mächtige Herren ließen ihre Söhne oft bereits in jungen Jahren in hohe kirchliche Ämter berufen. Auch Kirchenmänner mit Nachkommen betrieben diese Art von Nepotismus, selbst mit Kindern, die unehelich geboren wurden. Säkularismus und Nepotismus waren im Mittelalter weit verbreitet und führten immer wieder zu Skandalen. Diese und andere Praktiken wie die Simonie (der Kauf und Verkauf von kirchlichen Pfründen) führten zu Forderungen nach Reformen.

Direkter lässt sich die Reformation von 1517 auf den Beginn des Hochmittelalters (ca. 1000–ca. 1300) zurückführen, insbesondere auf das Pontifikat des reformorientierten Papstes Gregor VII. (reg. 1073–1085). Gregor begann seine Herrschaft weniger als 20 Jahre nach Beginn des Großen Schismas (1054), das das Christentum in eine (griechische) Ostkirche und eine (lateinische) Westkirche spaltete. Der Bruch erfolgte vordergründig aufgrund unterschiedlicher theologischer Lehrmeinungen, insbesondere der langjährigen Auseinandersetzung darüber, ob der Heilige Geist „vom Vater" (griechische Kirche) oder „vom Vater und dem Sohn" (lateinische Kirche) auf die Erde herabkam – eine Auseinandersetzung, die im lateinischen Begriff *Filioque* („und dem Sohn") zusammengefasst wurde. Der eigentliche Grund für das Schisma lag jedoch weniger in der Lehre als vielmehr in der Frage der Autorität und darin, ob der Papst über dem Patriarchen von Konstantinopel stehe. Heute kennen wir diese beiden Kirchen als die orthodoxe und die römisch-katholische Kirche.

Gregor VII. (geb. 1025) war seit Beginn seiner kirchlichen Laufbahn in der Kirchenverwaltung tätig und wurde von diesem unglücklichen Ereignis stark beeinflusst, wenn nicht sogar geprägt. Infolgedessen war ein Schlüsselelement seiner Reformen sein Beharren auf der Vormachtstellung des Papstes, nicht nur gegenüber Bischöfen und Patriarchen, sondern auch gegenüber Königen und Adeligen. Diese hatten im Laufe der Jahrhunderte das Vorrecht erworben, Kirchenbeamte zu ernennen, darunter Bischöfe und Äbte, die Gebiete verwalteten – eine Praxis, die als

„Laieninvestitur" bekannt war. Gregor verbot diese Praxis, was die Macht des Papstes erheblich stärkte und der mittelalterlichen lateinischen Kirche eine beispiellose Einheit und Zentralisierung einbrachte, aber auch einen langen und mühsamen Kampf auslöste, der weit über sein Pontifikat hinaus andauern sollte. Er bestand zudem auf der Durchsetzung des kanonischen Rechts, das schließlich zu einem internationalen Recht wurde, und erließ Dekrete gegen Simonie und die Ehe von Geistlichen. Wie zu erwarten war, stießen seine Reformen auf breiten Widerstand.

Die Nachfolger Gregors VII. setzten seine Politik der Zentralisierung der kirchlichen Autorität und der Stärkung der päpstlichen Macht fort, indem sie die Rolle der Monarchie übernahmen. Mit ihrem Versuch, ihre Vision eines christlichen Reiches (Christentum) nach dem Vorbild des alten Roms mit dem Papst als oberstem Oberhaupt zu verwirklichen, traten sie in direkten Wettbewerb mit Monarchen und Feudalherren um die weltliche Macht. Dieses Vorhaben war jedoch weder unvernünftig noch ungerechtfertigt, war die Kirche im Mittelalter doch eine zivilisierende Kraft und fungierte als Gegengewicht zur Macht der Monarchen und Adeligen, die regelmäßig Krieg gegeneinander führten, die Kirche für ihre Machtvergrößerung nutzten und Bauern häufig ausbeuteten. Da es kein staatliches Bildungssystem gab, gründete die Kirche außerdem Schulen und die ersten Universitäten. Die Klöster produzierten und bewahrten Bücher, beherbergten Bibliotheken und waren Zentren des Lernens. Gebildete Geistliche dienten häufig als Lehrer für die Nachkommen des Königshauses und des Adels, und man vertraute darauf, dass die Kirche einen Stamm fähiger Lenker und Verwalter hervorbrachte, die in Abstimmung mit den weltlichen Herrschern regierten.

Papst Innozenz III. (reg. 1198–1216), der nächste Reformpapst nach Gregor und möglicherweise der mächtigste Führer seiner Zeit, erweiterte die Idee der päpstlichen Monarchie und die Lehre, dass die Macht des Papstes direkt von Gott stammt, reformierte die römische Kurie, entwickelte das kanonische Recht weiter und kämpfte vehement gegen Häresie an. Bedauerlicherweise rief er den Vierten Kreuzzug aus, der mit der berüchtigten Plünderung Konstantinopels endete (die er entschieden ablehnte). Er hatte den Kreuzrittern zuvor ausdrücklich angeordnet, davon abzusehen, und sie anschließend exkommuniziert.). Zu seinen Verdiensten zählt jedoch, dass er dem heiligen Dominikus (1170–1221) und dem heiligen Franz von Assisi (1181–1226) – ebenfalls bedeutende reformorientierte Denker – die Gründung neuer Bettelorden gestattete. Außerdem berief er 1215 das Vierte Laterankonzil ein, bestätigte die grundlegende Lehre über die Eucharistie, erließ wichtige Reformdekrete und ordnete an, dass alle Christen einmal im Jahr einem Priester ihre Sünden bekennen müssen.

Die Reformen von Gregor VII. und Innozenz III. sowie ihr Beispiel einer starken päpstlichen Führung brachten Gutes wie Schlechtes und unbeabsichtigte Folgen mit sich. Als die Kirche zunehmend zentralisiert, organisiert und bürokratisch effizienter wurde, wurde sie zudem reicher und mächtiger, was zu größerem

Materialismus und Weltlichkeit führte. Die Päpste gestalteten ihre Höfe zunehmend nach denen weltlicher Könige und versuchten schließlich, diese an Pracht zu übertreffen, was unter den Gläubigen als Skandal aufgefasst wurde. Doch während sich die Schatzkammern der Kirche mit Gold füllten und ihre Anführer einem luxuriösen Lebensstil frönten, vermachten viele wohlhabende Grundbesitzer, die um ihr ewiges Seelenheil besorgt waren, Land und andere Besitztümer der Kirche, damit für sie Requiem-Messen gelesen oder Gebete gesprochen wurden und sie Vorteile erhielten, die sie sich für die Ewigkeit erhofften. Da die Kirche diese Ländereien auf Dauer besitzen konnte, wurde sie schließlich zu einer der reichsten Grundbesitzerinnen Europas – ein Status, der Königen und anderen weltlichen Herrschern Anlass zur Sorge gab.

Die antiklerikale Stimmung und die Unzufriedenheit verstärkten sich Mitte des 14. Jh., als sich die geistliche Macht der Kirche im Angesicht des Schwarzen Todes (1347–1351) als unwirksam erwies. Der Ruf der Kirche litt weiteren Schaden während des langen Aufenthalts des Papstes in Avignon, dessen prunkvoller Papstpalast, der mit großem Aufwand erbaut worden war, unter den Gläubigen als skandalös aufgefasst wurde. Dass der Papst in einer anderen Stadt als Rom residieren sollte, war stets umstritten, doch italienische politische Fraktionen und die schwer zu kontrollierende und manchmal gewalttätige römische Bevölkerung machten die Papstwahlen in Rom schwierig und häufig ungerecht. Wenn der Papst in Avignon residieren sollte, benötigte er eine Festung, die ihm Sicherheit vor politischen

Feinden bot und die dort aufbewahrten Schätze schützte, diente der Papstpalast doch nicht nur als Residenz und offizieller Sitz des Papstes, sondern auch als internationales Verwaltungszentrum der Kirche und ihre zentrale Bankstelle. Das Papsttum von Avignon endete schließlich 1377, als Papst Gregor XI. die päpstliche Residenz nach Rom zurückverlegte.

Der Machtgewinn und die Anhäufung von Reichtum während des Hoch- und Spätmittelalters wurden durch mehrere Faktoren begünstigt, die dazu beitrugen, die Kirche über Grenzen hinweg zu vereinen und ihr einen Vorteil gegenüber weltlichen Herrschern zu verschaffen, mit denen sie um die Macht wetteiferte. Zu diesen Faktoren gehörten:

1. Das Christentum konnte auf eine tausendjährige Tradition, eine gut entwickelte Theologie und offizielle Sakramente zurückgreifen, die der mittelalterlichen Welt religiöse Einheit und Zusammenhalt verliehen.

2. Die Kirche in Europa war durch eine gemeinsame Sprache vereint, da Latein sowohl in weltlichen als auch in kirchlichen Angelegenheiten als internationale Sprache diente.[7]

3. Das kanonische Recht wurde zu einem in Gesamteuropa anerkannten Völkerrecht (wir werden dies zu einem späteren Zeitpunkt vertiefen).

4. Die Kirche förderte Zivilisation und Bildung, und ihre Hierarchie bestand aus berufsmäßigen Priestern, von denen

---

[7] Thomas More und Desiderius Erasmus beispielsweise waren gute Freunde, konnten jedoch nur auf Latein miteinander kommunizieren.

viele lesen und schreiben konnten und einige hochgebildet waren.

5. Die von weltlichen Herrschern regierten Gebiete (etwa Königreiche, Herzogtümer und Fürstentümer) waren durch geografische Grenzen beschränkt, die Herrschaft von Königen und Adeligen war durch ihre Lebensdauer und die Dauer ihrer Dynastien begrenzt. Im Gegensatz dazu war die Kirche unter einem gewählten Papst eine internationale und ewige Institution, deren einzigartige Kontinuität es ihr ermöglichte, über die Jahrhunderte Eigentum zu besitzen und Länder zu regieren.

Nicht angemessen genutzte Vorteile können jedoch zu Schwächen werden, und der Reichtum sowie die Macht der Kirche führten dazu, dass sie sich der Notwendigkeit entzog, ihre moralischen und finanziellen Missbräuche zu korrigieren. Trotz anhaltender Reformforderungen erzielte die Kirche weiterhin beträchtliche Einnahmen durch Spenden und die Erhebung von Zehnten, Steuern und Gebühren für eine Vielzahl von Rechten und Privilegien, darunter die Vergabe von Pfründen (Simonie). Zwar muss eingeräumt werden, dass für den Betrieb einer multinationalen Organisation von der Größe der Kirche ein ausreichendes Einkommen erforderlich ist, doch der opulente Lebensstil einiger Vertreter führte zu öffentlichen Skandalen. Darüber hinaus stieß der unerschütterliche Widerstand der Kirche gegen weltliche Steuern bei Königen, Adeligen und Bauern gleichermaßen auf Ablehnung. Unter Letzteren bedauerten einige den Abfluss von Vermögen an einen ausländischen Papst, dessen Interessen nicht immer mit ihren übereinstimmten. Diese

Ablehnung wurde durch die besonderen Privilegien, die Geistlichen, Mönchen, Nonnen und Ordensbrüdern gewährt wurden – etwa die Befreiung vom Militärdienst und anderen Pflichten, zu denen gewöhnliche Bürger verpflichtet waren – weiter verstärkt. Erschwerend kam hinzu, dass Päpste und Bischöfe in weltliche Angelegenheiten eingriffen (nicht immer zu Unrecht) und es nicht an Geistlichen mangelte, die durch sexuelle Unmoral und Weltlichkeit öffentliche Skandale verursachten.

Ein weiteres Problem, das dem Ruf der Kirche schadete, waren ungeeignete und ungebildete Männer, die zum Priester geweiht wurden, obwohl sie kaum lesen und schreiben konnten und gerade so viel Latein beherrschten, dass sie es durch die Messe schafften. Viele von ihnen wurden schlecht bezahlt und dienten als billige Arbeitskräfte für Bischöfe und Erzbischöfe (die häufig aus aristokratischen Familien stammten), die Einkünfte aus diesen Pfründen erhielten, aber anderswo lebten (Absentismus). Nach dem kanonischen Recht war einem Geistlichen eine Pfründe gestattet, an deren Ort er seinen Wohnsitz nehmen musste. Doch gegen eine entsprechende Gebühr wurden Ausnahme wegen Pluralität (mehrere Pfründen) und Nichtresidenz[8] gewährt. Einige Prälaten häuften durch mehrere Pfründen große Vermögen an und lebten in prächtigen Palästen und Anwesen. Kurzum: Pluralismus, Absentismus, Simonie, Säkularismus, Weltlichkeit, Gier, Käuflichkeit, Materialismus, Nepotismus, Heuchelei sowie

---

[8] Einige Geistliche besuchten ihre Pfründen nie, kassierten aber die Einkünfte daraus.

Missachtung des Zölibats waren die wichtigsten moralischen und finanziellen Missbräuche der Kirche in der Zeit vor der Reformation und wurden erst mit der Gegenreformation, die mit der ersten Sitzung des Konzils von Trient im Jahr 1545 begann, angemessen bearbeitet.

Die Päpste des 15. und 16. Jh. standen vor einem weiteren schwerwiegenden Problem, dessen Lösung große Empörung hervorrief und maßgeblich zur Reformation von 1517 beitrug. Der ursprüngliche Petersdom, der im 4. Jh. von Kaiser Konstantin dem Großen erbaut worden war, begann zu verfallen, und die einzige praktikable Option, die den Architekten damals zur Verfügung stand, war, ihn abzureißen. Der Papst benötigte zweifellos eine Residenz und einen sicheren Verwaltungssitz, aber es wurde zudem als angemessen erachtet, das Zentrum der lateinischen Kirche mit ansprechender Kunst und eleganter Architektur zu schmücken und eine gewisse Erhabenheit auszustrahlen. Die für den Wiederaufbau des Petersdoms erforderlichen Ressourcen und die Mittel, die die Päpste der Renaissance zur Förderung der Künste verlangten, wurden zum Teil durch die Gewährung von Ablässen beschafft. Der erste Ablass (bekannt als „Kreuzritterablass") wurde 1095 von Papst Urban II. angeboten, um Adelige und Ritter zu ermutigen, ins Heilige Land zu reisen und die christlichen Heiligtümer von den Muslimen zurückzuerobern. Später wurde diese Praxis auf diejenigen ausgeweitet, die Kreuzritter unterstützten, und schließlich wurden Ablässe auch denen angeboten, die nur beten, gute Werke tun und den Zehnten zahlen konnten. Zu Beginn des

16. Jh. sammelten Prediger des Papstes Almosen für den Wiederaufbau des Petersdoms und boten dafür Ablässe an. Es gibt jedoch einen wichtigen Unterschied zwischen (a) der „Gewährung" von Ablässen an diejenigen, die beten, fasten, Almosen geben und gute Werke tun, und (b) dem „Verkauf" von Ablässen als Einnahmequelle. Eben diese Frage veranlasste Martin Luther schließlich dazu, am 31. Oktober 1517 den schicksalhaften Schritt zu machen, der die Welt für immer verändern sollte.

~

Ich habe bereits angemerkt, dass Luthers Anschlag der *95 Thesen* als Teil einer Abfolge historischer Ereignisse und als Fortsetzung der Arbeit früherer reformorientierter Denker zu betrachten ist, weniger als ein beispielloser Bruch mit der Vergangenheit. Können die Wurzeln der Reformation grob bis zu Konstantin im 4. Jh. und direkter bis zu den reformorientierten Päpsten und Begründern neuer religiöser Orden des Hochmittelalters zurückverfolgt werden, so lassen sie sich am direktesten zu den wichtigen frühen Reformern zurückverfolgen, die der Reformation von 1517 vorausgingen und konkret zu ihr beitrugen. Dazu gehören:

- Peter Waldo (1140–1218), ein Kaufmann aus Lyon und Zeitgenosse Innozenz' III., Dominikus und Franziskus. Waldo wird die Gründung eines religiösen Laieninstituts zugeschrieben, das ursprünglich als die Armen von Lyon und später als die Waldenser bekannt war. Über ihn ist wenig bekannt, außer dass er wie Franziskus von der heiligen Armut angezogen gewesen sein soll. Er predigte jedoch eine ketzerische Lehre, und er sowie seine Anhänger wurden exkommuniziert. Die Waldenser schlossen sich im 16. Jh. dem Protestantismus an und sind noch heute in Teilen Europas und Amerikas anzutreffen.

- Marsilius von Padua (1275–1342) verfasste *Defensor Pacis* (1324), eine einflussreiche Abhandlung über Theologie und politische Philosophie, die die päpstliche Autorität infrage stellte. Er wurde 1327 zum Ketzer erklärt.

- Der englische Franziskaner William von Ockham (1287–1347) befürwortete die Philosophie des Nominalismus, die die Existenz von Formen und Essenzen leugnet – Schlüsselkonzepte, auf denen die Theologie der Kirche basiert. Ockham und die Nominalisten lehrten, dass die Realität aus einzelnen Wesen besteht und universelle Konzepte wie Formen und Essenzen lediglich Ideen des menschlichen Geistes sind. Er schlug zudem eine politische Philosophie vor, die die Trennung von Kirche und Staat vorsah: die Kirche als Herrscherin der geistlichen Domäne, der Staat als Herrscher der weltlichen. Darüber hinaus argumentierte er, dass Kirchenbeamte Steuern zahlen und weltlichen Gerichten unterstehen sollten, worauf König Heinrich VIII. von England 20 Jahre später bestehen würde. William war 1328 in Avignon, um sich mit dem Papst und seinen Vertretern zu treffen, floh jedoch aus der Stadt, als er die

Gefahr für sein Leben erkannte, und wurde exkommuniziert.

- John Wycliffe (1330–1384), ein bedeutender Vorläufer der englischen Reformation, die unter Heinrich VIII. begann, war ein englischer Priester und Professor an der Universität in Oxford. Als Scholastiker ausgebildet, beklagte er zusammen mit vielen seiner Landsleute die Herrschaft eines ausländischen Papsttums und die Weltlichkeit sowie den Materialismus der Kirche. Um deren finanziellen Missbrauch zu beheben, schlug Wycliffe vor, Geistliche und religiöse Orden sollten freiwillige Armut annehmen oder vom König und den Adeligen enteignet werden. Im politischen Bereich setzte sich Wycliffe für die Vorrangstellung der Rechte des Königs gegenüber denen des Papstes ein und erklärte, dass Geistliche keine hohen Ämter in weltlichen Regierungen bekleiden sollten. Diese Ideen sollten später Heinrich VIII. beeinflussen und ihm die moralische und rechtliche Rechtfertigung liefern, die Autorität des Königs in England über die des Papstes und die Überlegenheit des Common Laws über das kanonische Recht geltend zu machen. Wycliffe war zudem der Erste, der die Bibel aus dem Lateinischen ins Englische übersetzte, und er kritisierte die Theologie der Kirche, insbesondere die Authentizität des Papsttums, die Notwendigkeit des Priestertums und die Lehre von der Transsubstantiation. Wycliffe wurde 1415 zum Ketzer erklärt.

- Jan Hus (1369–1415), Priester und Theologe, war ein Reformer nach dem Vorbild Williams von Ockham. Wie viele seiner Vorgänger prangerte er die Unmoral des Klerus an und predigte noch vor Martin Luther gegen den Ablasshandel. Hus' Ideen fanden in Böhmen große Verbreitung, und er wurde zum Konzil von Konstanz (1414–1418) eingeladen, um seine Position zu erläutern. Obwohl ihm König Sigismund freies Geleit zugesichert hatte, wurde er verraten, vor Gericht gestellt, der Ketzerei für schuldig befunden und auf dem Scheiterhaufen verbrannt. Dies löste in Böhmen einen Aufstand aus, der zu den Hussitenkriegen (1419–1434) führte. Hieronymus von Prag, ebenfalls aus Böhmen, wurde ein Jahr nach Hus hingerichtet.

- Desiderius Erasmus (1466–1536) aus Rotterdam und William Tyndale (1494–1536) aus England waren einflussreiche reformorientierte Denker. Tyndale übersetzte das Neue Testament und Teile des Alten Testaments aus dem Hebräischen und Griechischen ins Englische. Er wurde als Ketzer verurteilt und 1536 hingerichtet. Erasmus war ein guter Freund Mores sowie ein Mitstreiter der Humanisten. Er wurde nie der Ketzerei bezichtigt oder exkommuniziert.

4

Die Rosenkriege

Die Dauer des Hundertjährigen Krieges und die Hoffnungen der englischen Könige auf den Thron Frankreichs wurden nur durch die anhaltende Uneinigkeit ermöglicht, die den französischen Adel im 14. und 15. Jh. plagte. Diese Zwietracht erreichte ihren Tiefpunkt während der Herrschaft von König Karl VI. von Frankreich (reg. 1380–1422) und dem Bürgerkrieg, der zwischen den Häusern Burgund und Orléans ausbrach. Wäre Frankreich unter einem französischen König vereint gewesen und hätte es einen Teil seiner militärischen und wirtschaftlichen Ressourcen auf die Kriegsanstrengungen konzentrieren können, hätte es die englischen Übergriffe leicht abwehren und vielleicht sogar selbst in England einfallen können. Nachdem jedoch König Karl VII. und der Herzog von Burgund nach dem Tod der Frau des Dukes of Bedford (der Schwester des Herzogs von Burgund) im Jahr 1432 und dem Tod Bedfords im Jahr 1435 ihre Differenzen beigelegt hatten, gab Philipp von Burgund sein Bündnis mit den Engländern auf. Der Weg zu einem vereinigten Frankreich unter einem französischen König war nun frei und ein Sieg über die Engländer möglich.

Vielleicht war es göttliche Ironie oder eine unwahrscheinliche Wendung des Schicksals, dass nach Bedfords Tod und der Versöhnung zwischen Karl VII. und den Burgundern einige der mächtigsten Adeligen Englands in einen eigenen Streit darüber verwickelt wurden, ob der Krieg in Frankreich fortgesetzt werden sollte. Hätte Heinrich V. ein langes Leben gehabt, wäre es nicht zu diesem dynastischen Kampf zwischen zwei Zweigen der königlichen Familie Plantagenet gekommen, die England in den 300 Jahren zuvor regiert hatte. Es hätte keine Friedenspartei gegeben, und Heinrich V. hätte möglicherweise sein Ziel erreicht, ganz England und Frankreich unter einer Königsherrschaft zu vereinen. Doch Heinrich starb 1422 im Alter von 35 Jahren an der Ruhr, und sein Erbe war ein Kind, das nicht mit den Charakterzügen und der Konstitution gesegnet war, die sein Vater in so großem Maße besessen hatte. Heinrich VI. (reg. 1422–1461; 1470–1471) sollte den Thron Englands besteigen, konnte diesen jedoch nie so ausfüllen wie sein Vater, und das daraus resultierende Machtvakuum – zunächst aufgrund seines Alters und später aufgrund seiner mangelnden Führungsqualitäten – führte zu einem Machtkampf unter den führenden Adeligen Englands.

Der Ursprung der Fehde zwischen den Häusern Lancaster und York lässt sich auf den Tod Bedfords im Jahr 1435 zurückführen. Heinrich VI. war erst 14 Jahre alt, als sein fähiger

Onkel verstarb, und die Friedenspartei konnte das Parlament davon überzeugen, die Kriegsausgaben zu reduzieren. Damit machten sie sich Richard, den Duke of York, zum Feind, der die englische Armee in Frankreich befehligte. 1445 arrangierte der Duke of Suffolk, ein Mitglied der Friedenspartei, eine Ehe zwischen dem 23-jährigen Heinrich VI. und der 14-jährigen Tochter des Herzogs von Anjou. Was er jedoch nicht vorhersehen konnte, war Margarets eigensinnige und dominante Persönlichkeit und die Auswirkungen, die dies auf die politische Lage in England haben würde. Margarets Ehrgeiz und Eifersucht hinsichtlich ihrer Rechte als Königin waren weitaus ausgeprägter als der ihres sanftmütigen, überforderten Gemahls. Sie wollte den Krieg in Frankreich beenden – was einer der Gründe war, weshalb sie von Suffolk und der Friedenspartei als Braut des Königs ausgewählt worden war –, doch ihre Entschlossenheit, die Feinde aus dem Hause York zu vernichten, führte schließlich zu einem bewaffneten Konflikt zwischen den Häusern Lancaster und York und den mit ihnen verbündeten Adeligen. Die Rosenkriege werden traditionell auf die Jahre 1455–1485 datiert, aber ihre Wurzeln lassen sich bis zum Tod Bedfords im Jahr 1435 und der Hochzeit von Heinrich und Margaret 1445 zurückverfolgen.

Um die Zustimmung von König Karl VII. von Frankreich zur Hochzeit von Heinrich und Margaret zu erhalten, erklärte sich der Duke of Suffolk bereit, die englischen Truppen aus Le Maine abzuziehen. 1447 erfuhr der Duke of Gloucester – Onkel Heinrichs VI. und einer der Anführer der Kriegspartei – von dem Vorhaben, Le Maine an die Franzosen abzutreten. Er lehnte dies als Verrat an den nationalen Interessen Englands entschieden ab. In einem wütenden Ausbruch äußerte er sich unüberlegt und wurde wenige Tage später verhaftet und ermordet. Der Verdacht fiel auf Königin Margaret. Im selben Jahr starb Henry Beaufort, der Bischof von Winchester, und die Führung der Friedenspartei (die zur Partei der Königin geworden war) ging auf Edmund Beaufort, den Duke of Somerset, und William de la Pole, dem Duke of Suffolk, über. Da Heinrich VI. aus dem Lancaster-Zweig der Plantagenets stammte, wurde die Friedenspartei (oder Königinnenpartei) als die Lancaster bekannt. Die Kriegspartei wurde vom Duke of York angeführt, doch die Königinnenpartei ließ ihn seines Kommandos in Frankreich entheben und für eine zehnjährige Amtszeit als Leutnant nach Irland entsenden.

Die Rückgabe von Le Maine an die Franzosen im Jahr 1448 wurde in England als nationale Schande angesehen, und Königin Margaret wurde bei ihren Untertanen unbeliebt. König Karl VII. nahm den Krieg in Frankreich wieder auf, und bis 1450 hatte England all seine Besitztümer auf dem Kontinent mit Ausnahme von Calais, Guyenne und Gascogne verloren, was zu einer starken Ablehnung der Königin und ihrer Berater in der öffentlichen Meinung führte. Der Duke of Suffolk, der Heinrich VI. und Margaret miteinander verheiratet hatte, wurde auf See abgefangen und hingerichtet. Jack Cade führte eine Rebellion an, marschierte nach London und eroberte die Stadt im Juli 1450. Cade wurde später hingerichtet, doch die Unzufriedenheit und die Aufstände breiteten sich in ganz England aus. Der Duke of York segelte inmitten des Unheils zurück nach England, und Margaret, die bei der Rückkehr ihres Feindes das Schlimmste befürchtete, sandte Agenten aus, um ihn zu ermorden. Außerdem rief sie Somerset aus Frankreich zurück. York landete sicher, entkam Margarets Truppen und kehrte in seine Burg in Ludlow zurück. Es kam zu keinen Kämpfen, aber die Fronten zwischen den beiden rivalisierenden Fraktionen verhärteten sich, und wie das Damoklesschwert schwebte der Schatten des Krieges über England.

Die Unzulänglichkeiten eines schwachen Königs und die Vehemenz seiner leidenschaftlichen und unvorsichtigen Königin zeigten sich in den darauffolgenden fünf Jahren in vollem Umfang. Auf englischem Boden war noch kein Krieg ausgebrochen, doch es würde nicht mehr lange dauern. Die Partei, die Frieden in Frankreich gewollt und eine willensstarke französische Adelige zur Unterstützung ihrer Sache ins Land geholt hatte, hatte zwar ihr Ziel erreicht, doch der Preis dafür war hoch. 1453 wurden die Engländer in der Schlacht von Castillon vernichtend geschlagen, was den Hundertjährigen Krieg beendete. Die öffentliche Empörung führte dazu, dass Heinrich einen Nervenzusammenbruch erlitt und in Schweigen und Unverständnis versank. Margaret gebar im selben Jahr einen Sohn, der möglicherweise von Heinrich stammte. Da der König jedoch in schlechter psychischer Verfassung war, wurde angenommen, Somerset sei der Vater des Kindes, damit die Partei der Königin einen Erben für Heinrich hatte. Der junge Prinz Eduard wurde zum wertvollsten Pfand der Lancasters um den Thron (abgesehen vom König) und sicherte Margaret und

Somerset ihre Macht. Doch sie konnten nicht verhindern, dass das Parlament 1454 den Duke of York zum Protektor von England ernannte. Somerset wurde im Tower of London inhaftiert, doch der König kam wieder zu Sinnen und geriet erneut unter den Einfluss seiner dominanten Ehefrau. York wurde zum Rücktritt gezwungen und Somerset freigelassen. Beide Seiten versammelten ihre Verbündeten, und es kam zum Krieg in England.

Die erste Schlacht der Rosenkriege fand im Mai 1455 in der Stadt Saint Albans in der Nähe von London statt. Für den Duke of Somerset war es sein letzter Tag auf Erden (und nicht gerade sein glücklichster), und Heinrich VI. wurde gefangen genommen und vom siegreichen Duke of York nach London zurückgebracht. Margaret, die Vergeltung oder Demütigung befürchtete, floh mit ihrem Sohn in den Königspalast in Greenwich. Wäre sie eine weniger entschlossene, einfallsreiche und talentierte Königin gewesen oder hätte sie sich bereit erklärt, die rechtmäßigen Entscheidungen des Parlaments zu akzeptieren, hätten die Feindseligkeiten vielleicht schon damals ein Ende gefunden, Friedensverhandlungen hätten stattgefunden und der Adel Englands hätte sich versöhnt. Aber Margaret, deren Tugenden wie Mut und Standhaftigkeit mit einem nicht minder ausgeprägten Eigenwillen und Rachsucht einhergingen, strebte danach, die Kontrolle über den Marionettenkönig Heinrich zurückzugewinnen und ihre politischen Feinde endgültig zu vernichten.

1459 gelang der Königin das bemerkenswerte Kunststück, eine Armee aufzustellen und den Duke of York zusammen mit seinen beiden ältesten Söhnen, Eduard, Earl of March (1442–1483)[9] sowie Edmund, Earl of Rutland (1443–1460)[10], aus England zu vertreiben. Sie wurden von ihren wichtigsten Verbündeten begleitet, Richard Neville, Earl of Salisbury, und dessen Sohn Richard, Earl of Warwick. Die Yorks waren jedoch nicht lange genug fort, als dass Margaret ihre Macht hätte festigen können. 1460 kehrten Warwick, Salisbury und March aus Calais zurück und stellten eine eigene Armee auf. Am 10. Juli trafen sie in der Schlacht von Northampton auf eine Streitmacht der Lancasters, besiegten diese und nahmen den König erneut gefangen. Margaret floh mit Prinz Eduard aus London und suchte Zuflucht in der walisischen Burg von Jasper Tudor, dem Earl of Pembroke und Halbbruder König Heinrichs VI.[11]

York segelte im Oktober von Irland aus zurück nach London, während das Parlament tagte. Sein Anspruch auf den englischen Thron (er war ein Nachkomme Eduards III.) fand jedoch bei den Parlamentariern in der Westminster Hall keine Zustimmung. Margaret war zwar äußerst unbeliebt, aber nicht einmal Yorks Verbündete wollten König Heinrich stürzen. Es wurde ein Kompromiss geschlossen: Heinrich sollte König bleiben und

---

[9] Der zukünftige König Eduard IV.

[10] Edmund wurde 1460 in der Schlacht von Wakefield getötet. Dieser Edmund sollte nicht mit Edmund Tudor verwechselt werden, dem Vater des späteren Königs Heinrich VII.

[11] Die Tudors waren der Sache der Lancaster treu ergeben. Heinrich Tudor (1457–1509), der spätere König Heinrich VII. (reg. 1485–1509), wurde nach seinem Sieg in der Schlacht von Bosworth Field im Jahr 1485 der letzte überlebende Mann der Lancaster-Linie und der erste Tudor-König.

York zu seinem Nachfolger ernannt werden. Dadurch verlor Prinz Eduard seinen Platz in der Thronfolge. Margaret gab jedoch nicht nach. Sie stellte eine weitere Armee aus den Adelsfamilien im Norden Englands zusammen, die weiterhin der Sache der Lancasters treu waren, und übernahm persönlich das Kommando. Neben ihren anderen Talenten erwies sie sich als fähige Militärstrategin und besiegte eine von York angeführte Streitmacht in der Schlacht von Wakefield am 30. Dezember 1460. York und Rutland wurden in der Schlacht getötet, Salisbury wurde später enthauptet. Margaret hatte, zumindest vorläufig, allen Widrigkeiten getrotzt und gesiegt. Doch die Rosenkriege sollten weitere 25 Jahre andauern und waren geprägt von überraschenden Wendungen.

Richard of Yorks 19-jähriger Sohn Eduard, Earl of March, trat die Nachfolge seines Vaters als Duke of York an und sollte sich als der in den Rosenkriegen fähigste Befehlshaber auf beiden Seiten erweisen. Seinen ersten Sieg errang er 1461 in der Schlacht von Mortimer's Cross in Wales gegen eine Lancaster-Armee unter der Führung von Jasper Tudor[12], doch Margaret vernichtete eine von Warwick angeführte Armee in der zweiten Schlacht von Saint Albans. Warwick hatte den König bei sich, als er von London aus nach Norden marschierte, und seine Niederlage führte dazu, dass

---

[12] Jaspers Vater, Owen Tudor, kämpfte auf der Seite der Lancasters und wurde nach der Schlacht enthauptet. Owen Tudor war auch der Vater von Edmund Tudor, dem Vater von Heinrich Tudor, dem späteren König Heinrich VII. Edmund Tudor starb 1456 an der Beulenpest, weshalb Heinrich Tudor von seinem Onkel Jasper aufgezogen wurde.

Heinrich erneut in die Hände der Königin fiel. Margaret marschierte mit ihrer Armee triumphierend nach Süden in Richtung London. Die Stadt hielt jedoch ihre Tore verschlossen, war nicht nur die Königin äußerst unbeliebt, sondern fürchtete man ebenso ihre Soldaten aus dem Norden. Ihr blieb nichts anderes übrig, als nach Nordengland zurückzukehren.

Im Februar 1461 traf Eduard, Earl of March, mit seiner Armee in London ein und wurde mit Jubel empfangen. Am 1. März wurde Heinrich für unfähig erklärt, die Krone zu tragen, und drei Tage später ernannte sich Eduard selbst zum König. Die Stimmung in London hatte sich gewandelt und Eduards Anspruch auf die Krone wurde im Gegensatz zu dem seines Vaters positiv aufgenommen. Eduard machte sich sogleich auf, Margaret zu verfolgen, und marschierte mit einer Armee gen Norden, um sie vor Schottland abzufangen. Warwick begleitete ihn, zusammen mit Lord Fauconberg und vielen anderen, die der Sache der Yorks treu ergeben waren. Auf der Seite der Lancasters kämpften Henry Percy, Earl of Northumberland, Henry Beaufort, Duke of Somerset, sowie Adelige aus den Familien Tudor und Clifford. Die Schlacht von Towton wurde am 29. März 1461 in einem Schneesturm ausgetragen und durch den Duke of Norfolk entschieden, der am späten Nachmittag mit einer Armee aus Kent eintraf und damit den Ausschlag zugunsten der Yorks gab.

Es war die blutigste Schlacht, die je auf englischem Boden ausgetragen wurde. Der König, die Königin und der Prinz waren nicht auf dem Schlachtfeld anwesend, sondern erwarteten den

Ausgang in York. Als sie von der Niederlage erfuhren, flohen sie mit dem Duke of Somerset nach Schottland. Eduard of March unterwarf in den darauffolgenden Monaten den Norden Englands und kehrte im Juni nach London zurück, um als König Eduard IV. (reg. 1461–1483) gekrönt zu werden.[13] Sein Anspruch wurde vom Parlament bestätigt, doch die unbeugsame Margaret scharrte in Schottland und Frankreich unentwegt Verbündete um sich. Ihre Bestrebungen, 1462 mit einer schottisch-französischen Armee in England einzufallen und ihre Unterstützung unter den Adeligen des Nordens zu stärken, wurden durch unglückliche Zufälle und schlechtes Wetter erheblich behindert. Margaret wurde 1462 zur Flucht nach Frankreich gezwungen, und ihr Verbündeter, der Duke of Somerset, wurde 1464 in der Nähe von Hexham gefangen genommen und enthauptet. Heinrich VI. wurde 1465 von Eduards Truppen in der Nähe von Clitheroe in Lancashire gefangen genommen und in den Tower of London gebracht. Eduard IV. schloss Frieden mit Frankreich und Burgund, doch Margaret hatte ihren letzten Trumpf noch nicht ausgespielt.

Der Krieg hätte mit der Niederlage der Lancaster-Truppen und dem Tod vieler ihrer Adeligen enden sollen. Stattdessen trat er jedoch in eine neue Phase ein, als Eduard begann, mit seinem wohlhabenden, mächtigen und eigennützigen Verbündeten, dem Earl of Warwick, als König zu regieren. Eduard war noch ein

---

[13] Die Herrschaft Eduards IV. wurde 1470–1471 unterbrochen, als Heinrich VI. kurzzeitig wieder als König eingesetzt wurde.

junger Mann Anfang 20, Warwick 14 Jahre älter als er. Trotz Warwicks Bemühungen, ihm eine Braut aus der französischen Königsfamilie zu suchen, heiratete Eduard heimlich und zur Überraschung aller im Mai 1464 Elisabeth Woodville. Dies demütigte und verärgerte Warwick. Zu allem Überfluss gewährte Eduard den Woodvilles Ländereien und Titel, was bei den englischen Adeligen für Empörung sorgte.

1469 ertrug Warwick die Schmach nicht länger. Er verschwor sich mit Eduards Bruder Clarence, und verheiratete ihn mit seiner Tochter Isobel in Calais. Darüber hinaus plante er, Eduard als unehelich geborenen Sohn zu diskreditieren und Clarence an seiner Stelle auf den Thron zu setzen. Viele Adelige, die Eduards anmaßende Freigiebigkeit gegenüber den Woodvilles missbilligten, schlossen sich Warwick und Clarence an, um wichtige Verbündete Eduards zu besiegen und hinzurichten. Der König selbst wurde gefangen genommen, und Warwick begann, in Eduards Namen zu regieren. Viele Adelige misstrauten ihm jedoch und weigerten sich, Truppen zu entsenden, um einen weiteren Aufstand der Lancasters im Norden niederzuschlagen. Warwick blieb keine andere Wahl, als Eduard freizulassen.

Der Verrat sollte nicht vergessen werden. 1470 stellte Eduard eine Armee auf, marschierte gegen Warwick und Clarence auf und zwang sie zur Flucht nach Frankreich. Dort schmiedeten sie gemeinsam mit König Ludwig XI. einen Plan, um Heinrich VI. wieder auf den Thron zu bringen. Doch dafür war ein unwahrscheinliches Bündnis zwischen Warwick und Margaret erforderlich. Als Margaret davon erstmals erfuhr, lehnte sie ab, ließ sich jedoch überzeugen, sich zumindest mit Warwick zu treffen. Am 22. Juli trafen die einstigen Erzfeinde aufeinander, und Margaret, in der seit Jahren die Wut gärte, stimmte im Beisein Prinz Eduards dem Plan zu.

Warwick und Clarence kehrten nach England zurück, während Margaret in Frankreich wartete. Der Earl befehligte eine Armee aus unzufriedenen Lancasters, ihm treu ergebenen Truppen und französischen Soldaten, die ihm von Ludwig XI. zur Verfügung gestellt worden waren. 1470 landete er in England, und aufgrund der sich ständig verändernden Allianzen unter den englischen Adeligen war Eduard gezwungen, nach Flandern und später nach Burgund zu fliehen. In einer weiteren bemerkenswerten Wendung wurde Heinrich VI. wieder auf den Thron gesetzt und die Lancasters erlangten die Macht zurück. Ihr Sieg sollte jedoch von kurzer Dauer sein.

Im November erklärten England und Frankreich Burgund den Krieg, dem hatten Warwick und Clarence zuvor im Austausch für die Unterstützung Ludwigs XI. bei der Wiedereinsetzung Heinrichs VI. auf den Thron zugestimmt. Dies zwang Karl, den Herzog von Burgund, zu einem Bündnis mit Eduard IV. Eduard erhielt burgundische Soldaten und segelte im März 1471 nach England, wo er zusätzlichen Schub erhielt, als Clarence die Seiten wechselte und an die Seite seines Bruders zurückkehrte. Eduard marschierte umgehend nach London und wurde erneut herzlich empfangen. Doch schon am nächsten Tag marschierte er mit seiner Armee nach Norden, um die Angelegenheit mit Warwick und seinen Verbündeten zu regeln. Eduard wurde in die Schlacht von Clarence, Richard Plantagenet, Duke of Gloucester[14], sowie William, Lord Hastings, begleitet. Am 14. April, dem Ostersonntag, besiegte Eduard Warwick in der Schlacht von Barnet, und der Earl wurde für seinen Verrat mit dem Tod bestraft, als er vom Schlachtfeld floh.

Margaret und der 17-jährige Prinz Eduard landeten in England, bevor sie von der Niederlage erfuhren. Margaret hätte nach Frankreich zurückkehren können, entschied sich jedoch stattdessen, mit Somerset nach Norden zu reisen, um eine weitere Armee zu rekrutieren und Eduards IV. geschwächten Truppen entgegenzutreten. Eduard erfuhr von ihrer Ankunft, fing sie ab, bevor sie und ihre Truppen in Sicherheit gelangen konnten, und besiegte sie am 4. Mai 1471 in der Schlacht von Tewkesbury. Prinz Eduard wurde getötet und somit spielte der Erbe Heinrichs VI. keine Rolle mehr. Margaret versteckte sich, wurde jedoch gefangen genommen und nach London gebracht. Später erkaufte der König von Frankreich ihre Freiheit gegen ein hohes Lösegeld. Somerset wurde nach der Schlacht von Richard, Duke of Gloucester, enthauptet, und Heinrich VI. wurde erneut im Tower gefangen gehalten. Das Pendel der dynastischen Kämpfe schwang erneut, dieses Mal zugunsten der Yorks.

Günstigerweise verstarb Heinrich VI. am 21. Mai 1471. Es wurde gemunkelt, er sei an Traurigkeit gestorben, die genaue

---

[14] Der zukünftige König Richard III.

Todesursache ist jedoch bis heute unbekannt. Sicher ist jedoch, dass sein Tod und der seines Sohnes Eduards Sieg und dessen Anspruch auf den Thron besiegelten, und so ist es möglich, dass sein Tod vorzeitig herbeigeführt wurde, um weitere Kämpfe zu verhindern. Auf jeden Fall verlebte England die verbleibenden Herrscherjahre Eduards in Frieden. Margaret von Anjou starb 1482 allein und verarmt. Eduard starb 1483 als erfolgreicher König. Doch die Rosenkriege sollten noch nicht vorüber sein und das Pendel würde erneut ausschlagen, dieses Mal hin zum Hause Lancaster – zu einem einzigen Überlebenden, der König werden und beide Häuser durch Heirat vereinen sollte.

Eine weitere Dynastie von illustrem Ruhm sollte geboren werden.

5

Das Haus der Tudors

Heinrich V. von England heiratete 1420 Katharina von Valois (1401–1437), und das einzige Kind, das sie ihm gebar, bevor er 1422 an der Ruhr verstarb, war Heinrich VI. Sieben Jahre nach dem Tod Heinrichs V. heiratete Königin Katharina einen walisischen Knappen namens Sir Owen Tudor (1400–1461), was bedeutete, dass alle Kinder, die sie ihm gebar, mütterlicherseits Halbgeschwister Heinrichs VI. waren. Owen Tudor wurde durch Katharina zum Großvater Heinrichs VII. (Heinrich Tudor), was bedeutete, dass Katharina durch Heinrich V. die Mutter von Heinrich VI. und durch Owen Tudor die Großmutter von Heinrich VII. wurde. Die Tudor-Dynastie, die 1485 mit Heinrich VII. begann, dauerte bis zum Tod von Königin Elisabeth I. im Jahr 1603.

Owen Tudor und Königin Katharina hatten mindestens zwei Söhne, Edmund (1430–1456) und Jasper (1431–1495). 1442 holte Heinrich VI. seine Halbbrüder an den Königshof, wo sie erzogen und militärisch ausgebildet wurden. Der König verlieh ihnen später Adelstitel, und 1455 heiratete Edmund, mittlerweile Earl of

Richmond, Margaret Beaufort, die ihm Heinrich Tudor (1457–1509) gebar, den späteren König Heinrich VII. Edmund wurde 1456 von den Truppen der Yorks gefangen genommen und im Carmarthen Castle inhaftiert, wo er drei Monate vor Heinrichs Geburt an der Beulenpest starb. Da Margaret erst dreizehn Jahre alt war, wurde Henry Tudor in den Haushalt seines Onkels Jasper, Earl of Pembroke, gegeben und dort aufgezogen.

Jasper befehligte die Armee der Lancasters in der Schlacht von Mortimer's Cross im Jahr 1461 und wurde von Eduard, Duke of York (dem späteren König Eduard IV.), besiegt. Owen Tudor kämpfte ebenfalls auf der Seite der Lancasters, überlebte die Schlacht, wurde jedoch anschließend gefangen genommen und enthauptet. Als Eduard IV. 1461 zum König gekrönt wurde, floh Jasper nach Frankreich und lebte dort sechs Jahre lang unter dem Schutz von König Ludwig XI. Sein Neffe Heinrich Tudor blieb mit seiner Mutter Margaret unter der Vormundschaft von William Herbert aus dem Hause York, dem neuen Earl of Pembroke, in Pembroke Castle.

1469 wechselte Richard Neville, Earl of Warwick, die Seiten, verriet Eduard IV. und kämpfte fortan für die Lancasters und die Wiedereinsetzung Heinrichs VI. (der 1470 erneut König wurde). Jasper Tudor kehrte kurzzeitig nach England zurück, floh jedoch, als Eduard IV. den Thron zurückeroberte, mit seinem Neffen Heinrich und anderen Lancasters in die Bretagne. Jasper blieb für den Rest von Eduards Regierungszeit in Frankreich und setzte sich für die Sache der Lancasters und deren einzigen verbliebenen männlichen Erben, Heinrich Tudor, Earl of Richmond, ein. Eduard versuchte seinerseits, Jasper und Heinrich nach England zurückzuholen, doch sie wurden von Franz II., Herzog der Bretagne, geschützt.

Eduard IV. starb 1483 und ernannte auf seinem Sterbebett seinen Bruder Richard, Duke of Gloucester (1452–1485), zum Lordprotektor von Eduards Sohn und Erben Eduard V. (1470–1483). Dies durchkreuzte die Pläne der Woodvilles, den jungen König zu kontrollieren, und als Richard die Vormundschaft über Eduard und seinen Bruder Richard, Duke of York (1473–1483), übernahm, brachte er sie im Tower of London unter. Anschließend bemühte sich Richard, Eduards Ehe mit Elisabeth Woodville zu diskreditieren, indem er behauptete, Eduard sei zuvor mit einer anderen Frau verheiratet gewesen, weshalb die Ehe mit Elisabeth ungültig und ihre Söhne somit unehelich seien. Dies würde sie daran hindern, den Thron zu erben, und Richard als Bruder des verstorbenen Königs den Weg dorthin ebnen. Richard III. (reg. 1483–1485) wurde am 6. Juli 1483 in der Westminster Abbey gekrönt, doch seine Position war nicht gesichert, da Eduards Söhne noch am Leben waren und mithilfe der Woodvilles und ihrer Verbündeten eines Tages seine Königswürde anfechten könnten.

In Sir Thomas Mores *Geschichte König Richards III.*, die er Anfang des 16. Jh. und nicht lange nach den Ereignissen verfasste, die die Rosenkriege beendeten, heißt es, Richard III. habe Sir James Tyrell nach London geschickt, um die beiden Jungen zu ermorden, während sie im Tower untergebracht waren. Tyrell soll zwei Männer, John Dighton und Miles Forest, angeworben haben, um nachts in ihre Kammer zu gelangen und sie mit den Kissen zu ersticken, während Tyrell an der Tür Wache stand. Laut More begruben sie die Leichen am Fuße einer Treppe – eine Darstellung, die durch den Fund einer Holzkiste am Fuße einer Treppe durch Arbeiter im Jahr 1674 bestätigt wird. Darin fanden sich die Gebeine zweier Kinder. Diese befinden sich seit 1678 in einem Denkmal in der Westminster Abbey.

Es gibt keinen eindeutigen Beweis dafür, dass Richard III. die Prinzen ermorden ließ, und der Fall ist bis heute umstritten, doch damals kursierten Gerüchte, dass er für ihren Tod verantwortlich sei. Der Skandal führte sogar innerhalb der Yorks zu Spaltungen, und selbst in einer Zeit, in der die Hinrichtung von Feinden an der Tagesordnung stand, machte sich Richard sowohl beim Adel als auch beim einfachen Volk unbeliebt. Der Mord an den Prinzen gilt als eine der berüchtigtsten Taten in der Geschichte der englischen Monarchie, und seitdem haftet Richards Namen ein schlechter Ruf an.

Richard III. regierte zwei unruhige Jahre lang. Wie Eduard IV. vor ihm wollte Richard Jasper und Henry Tudor aus der Bretagne nach England zurückholen, damit er sie als einzige verbleibende Bedrohung durch die Lancasters beseitigen konnte. Herzog Franz war jedoch nicht bereit, sie auszuliefern. 1483 versuchte der Duke of Buckingham eine Rebellion, die mit einer Invasion der Lancasters aus der Bretagne koordiniert werden sollte, doch der

Plan schlug fehl und Buckingham wurde hingerichtet. 1484 versuchte Richard, Jasper und Heinrich Tudor von der Bretagne ausliefern zu lassen, doch ein Komplott, das er mit Pierre Landais, dem obersten Verwaltungsbeamten von Herzog Franz, ausgeheckt hatte, wurde vereitelt, und Jasper und Heinrich flohen unter dem Schutz des 14-jährigen französischen Königs Karl VIII. Sie blieben in Frankreich bis 1485, als sie mithilfe der Franzosen am 7. August mit einer kleinen Armee in Wales landeten und nach England einmarschierten. Zu Heinrichs französischen und schottischen Soldaten gesellten sich kampfeslustige Waliser, und Heinrich machte sich schon bald daran, Richard anzugreifen. Ihre Armeen trafen am 22. August aufeinander und Heinrich besiegte Richard in der Schlacht von Bosworth Field. Richard wurde im Kampf getötet, und der Legende nach wurde Heinrich VII. (reg. 1485–1509) an der Stelle, an der Richard gefallen war, mit der Krone gekrönt, die der tote König in der Schlacht getragen hatte.

Die Rosenkriege endeten mit der Schlacht von Bosworth Field und mit ihnen die Dynastie der Plantagenet. Am 18. Januar 1486 heiratete Heinrich VII. Elisabeth of York, die Tochter von Eduard IV. und Elisabeth Woodville. Durch die Vereinigung der Häuser Lancaster und York kam die Tudor-Dynastie an die Macht, die bis 1603 anhalten sollte.

~

Der Wunsch Heinrichs VIII. nach einem männlichen Erben muss im Kontext der Rosenkriege und ihrer Folgen verstanden werden. In Ermangelung eines eindeutigen, anerkannten Thronfolgers könnten mehrere Anwärter Anspruch erheben und einen weiteren langwierigen Machtkampf auslösen, der womöglich zu einem Krieg führt – ein Umstand, der Heinrich VIII. gewiss Sorge bereitete. Ein nachvollziehbares Motiv rechtfertigt nicht immer eine Handlung, gibt uns jedoch eine Perspektive und einen besseren Einblick in die historische Situation.

Teil Zwei

Gottes guter Diener
und der des Königs

Wie liebe ich dein Gesetz!
Es ist mein Nachdenken den ganzen Tag.
Dein Gebot macht mich weiser als meine Feinde.
Denn ewig ist es mein!

Verständiger bin ich als alle meine Lehrer.
Denn deine Zeugnisse sind mein Überlegen.
Einsichtiger als Greise bin ich.
Denn deine Vorschriften habe ich gehalten.

Psalm 119,97–100

6

Ein Held wird erwählt
Sohn eines Rechtsanwalts (1478–1484)

John More und Agnes Graunger heirateten am 24. April 1474 in der Saint Giles Church in London. Am 11. März 1475 kam ihre erste Tochter Joan zur Welt, am 7. Februar 1478 ihr erster Sohn. Wie viele englische Söhne seit dem Märtyrertod von Thomas Becket im Jahr 1170 wurde er auf den Namen Thomas getauft.[15] Thomas More teilte jedoch mehr als nur den Vornamen mit einem der verehrtesten Heiligen Englands. Becket wurde an der Ecke Ironmonger Lane und Cheapside geboren, nur knapp 20 Meter vom Haus der Familie More in der Milk Street im wohlhabenden Stadtteil Cripplegate entfernt. Beckets Geburtshaus war durch eine ihm zu Ehren benannte Kirche ersetzt worden, an der More jeden Tag auf dem Weg zur und von der Grundschule vorbeikam.

---

[15] Die Beliebtheit des Vornamens Thomas zu Mores Zeiten wird durch die Tatsache belegt, dass mindestens sechs Minister Heinrichs VIII. diesen Namen trugen: (1) Thomas Wolsey, (2) Thomas Cromwell, (3) Thomas Howard, (4) Thomas Wriothesley, (5) Thomas Cranmer und (6) Thomas More.

Es gab wahrscheinlich weitere Jungen in Cripplegate sowie in ganz London, die Thomas hießen, doch im Gegensatz zu diesen teilten Becket und More zwei bemerkenswerte Besonderheiten des Martyriums und der Heiligkeit: Beide wurden unter einem englischen König namens Heinrich gemartert – Becket unter Heinrich II. (reg. 1154–1189), More unter Heinrich VIII. (reg. 1509–1547) – und beide wurden heiliggesprochen – Becket im Jahr 1173 und More 1935[16].

John More war zum Zeitpunkt von Thomas' Geburt 27 Jahre alt, und hatte bereits einige Jahre lang seine Laufbahn als Anwalt vorangetrieben. Agnes gebar John noch vier weitere Kinder, bevor sie 1499 verstarb. Thomas More sprach später wenig über seine Geschwister, und die Aufzeichnungen aus dieser Zeit sind unvollständig, aber wir wissen, dass Thomas' ältere Schwester Joan (1475–1542) einen Anwalt namens Richard Staverton ehelichte, ebenso wie seine jüngere Schwester Elisabeth (1482–1538), die John Rastell heiratete[17]. Thomas' jüngerer Bruder John (1479–1512) erreichte ebenfalls das Erwachsenenalter und wurde zeitweise von Thomas als Sekretär beschäftigt, heiratete jedoch nie und verstarb Anfang 30. Über das Leben oder den Tod der beiden anderen Geschwister – Agatha (geb. 1479) und Eduard

---

[16] More wurde genau 400 Jahre nach seinem Märtyrertod (1535–1935) heiliggesprochen, Becket nur drei Jahre (1170–1173).

[17] John und Elizabeth hatten einen Sohn, William Rastell, der 1557 die englischsprachigen Werke Tomas Mores druckte und herausgab und darüber hinaus eine Biografie über seinen berühmten Onkel verfasste, die jedoch Großteils nicht mehr erhalten ist.

(geb. 1480) – gibt es keine Aufzeichnungen, es ist lediglich bekannt, dass sie jung starben. Wir wissen jedoch, dass Agnes 1482 ihr letztes Kind (Elisabeth) zur Welt brachte und es 1479 und 1485 in London zu Ausbrüchen einer als „Englischer Schweiß" bekannten Ansteckungskrankheit kam. Diese Krankheit (eines der wenigen Dinge, die Heinrich VIII. fürchtete) hatte sie womöglich das Leben gekostet, vielleicht aber auch die Pest, die London 1487 heimsuchte. John More heiratete nach Agnes' Tod drei weitere Male, aber es ist unwahrscheinlich, dass die anderen Frauen ihm Kinder gebaren.

Schon vor seiner Heirat mit Agnes 1474 war More an der Lincoln's Inn beschäftigt gewesen, einer der vier englischen Anwaltskammern. Bis 1478 war er vom Master of the Revels zum Butler und schließlich zum Marshal aufgestiegen; allesamt wichtige Verwaltungsämter, die für das reibungslose Funktionieren der Anwaltskammer unerlässlich waren. Die Aufgaben des Master of the Revels waren keineswegs unbedeutend oder unterwürfig, sondern so wichtig, dass Thomas More diese Position annahm, als er Lordkanzler von England und auf dem Höhepunkt seiner Macht war.

John More hatte zudem Grundbesitz geerbt, was seinen Status in der englischen Gesellschaft stärkte. Er und Agnes besaßen ein Haus in Cripplegate sowie Land in Hertfordshire. More wurde schließlich als Anwalt zugelassen und erfüllte seine Aufgaben als Barrister (Rechtsanwalt vor den englischen Obergerichten) so gut, dass er 1503 zum Serjeant-at-Law befördert wurde (was in etwa dem Status eines Knights entsprach und neben Judges die höchste Stufe eines Barristers in England zu jener Zeit darstellte). Später stieg er zum Richter am Court of Common Pleas auf, bevor er den Höhepunkt seiner Karriere als Richter am Court of the King's Bench erreichte. Als Lordkanzler von England führte Thomas More den Vorsitz im Court of Chancery in Westminster Hall, wo auch das Court of the King's Bench untergebracht war. Wenn der junge More seinem Vater in den öffentlichen Hallen begegnete, fiel er inmitten des Trubels vor ihm auf die Knie, um ihm seinen Respekt zu erweisen und ihn um seinen Segen zu bitten.

7

Frühe Jahre und Ausbildung (1484–1502)

Thomas Mores Weg in den königlichen Dienst begann also keineswegs in bescheidenen Verhältnissen. John More schrieb seinen Sohn in der Saint Anthony's School in der Threadneedle Street ein, der besten der vier oder fünf Grundschulen Londons, und obwohl es die einzige gebührenfreie war, erhielt Thomas dort eine Grundausbildung, die ihresgleichen suchte. Das Besondere einer solchen Grammar School bestand darin, dass die Schüler das Lesen, Schreiben und Sprechen in Latein erlernten – der Lingua franca Europas. Lateinkenntnisse waren nicht nur für eine Laufbahn in der Kirche erforderlich, sondern auch an den Gerichten des Common Law und in der Verwaltung. Von den Jungen wurde erwartet, dass sie sich auf Latein ebenso fließend unterhalten konnten wie auf Englisch.

More besuchte die Saint Anthony's School fünf Jahre lang. Im Alter von zwölf Jahren arrangierte sein Vater für ihn eine Anstellung als Page im Haushalt von John Morton, Erzbischof von Canterbury und Lordkanzler von England unter König Heinrich VII. Morton war während der Rosenkriege den

Lancasters treu geblieben und ins Exil nach Frankreich gegangen, als Eduard IV. König wurde. Er versöhnte sich mit den Yorks erst nach dem Tod Heinrichs VI. und seines Erben, diente Eduard jedoch ebenso treu wie zuvor den Lancasters – zunächst als Bischof von Ely und später als Mitglied von Eduards Geheimrat. Als Richard III. nach Eduards Tod den Thron an sich riss, ließ Richard Morton im Schloss des Dukes of Buckingham festsetzen, der später eine Revolte gegen Richard anzettelte, jedoch gefangen genommen und hingerichtet wurde. Morton überlebte diese Tortur und wurde für seine Treue zu den Lancasters belohnt, nachdem Heinrich Tudor Richard in der Schlacht von Bosworth Field besiegte. Heinrich VII. ernannte Morton zum Erzbischof von Canterbury und später zum Lordkanzler von England. Es zeugt sowohl von Mortons Kompetenz und Geschick als Verwalter als auch von seiner Loyalität, dass er nicht nur den Krieg überlebte, sondern unter beiden Regimes Erfolg hatte. Tatsächlich war es Morton, der Heinrichs Ehe mit Elisabeth von York arrangierte, wodurch beide Häuser unter einer Königsherrschaft vereint und die Rosenkriege beendet wurden.

Morton, bewandert sowohl im römischen Kirchenrecht als auch im englischen Common Law, war einer der letzten Prälaten, die sowohl in der Kirche als auch im Staat hohe Ämter bekleideten. Die Reformation von 1517 leitete einen Prozess ein, der die kirchliche Beteiligung an der weltlichen Regierung beschränkte, eine Praxis, die auf das frühe 4. Jh. zurückging, als Konstantin das Christentum als Mittel zur Vereinigung des riesigen Römischen Reiches nutzte. Zu Beginn des 5. Jh. zerfiel die westliche Hälfte des Römischen Reiches durch barbarische Invasionen und innere Unruhen, und Kirchenvertreter füllten das Führungsvakuum, das durch den Zusammenbruch der römischen Zivilgewalt entstanden war. Als sich im frühen Mittelalter (ca. 476–ca. 1000) das Feudalsystem entwickelte, übernahmen Bischöfe und Äbte häufig Verantwortung in den Angelegenheiten der lokalen Verwaltung, und Päpste, Kardinäle und Bischöfe regierten regelmäßig neben Königen und Fürsten und bestritten dabei mitunter deren Macht. Eine Veränderung setzte 1517 ein, als lokale Verwaltungen in Norddeutschland die Einmischung der Kirche in zivile Angelegenheiten weitgehend ablehnten. In England wurde Kardinal Thomas Wolsey (wie Morton ein Kirchenmann von herausragender Begabung) 1515 Lordkanzler, 1529 wurde er jedoch durch einen Laien, Sir Thomas More, ersetzt. Ab diesem Zeitpunkt wurde nie mehr ein Geistlicher zum Lordkanzler ernannt. Die endgültige Ablehnung der kirchlichen Autorität blieb jedoch Heinrich VIII. vorbehalten, der 1534 das Parlament dazu zwang, ihn zum „Oberhaupt der Kirche von England" zu ernennen, und damit den Papst sowohl in geistlicher als auch in weltlicher Hinsicht aus seinem Reich verdrängte.

Zwischen diesen Ereignissen und der Tätigkeit des jungen Thomas Mores als Page im Haushalt von Erzbischof Morton lagen nur wenige Jahre. In Lambeth Palace kam er mit Söhnen hochrangiger Adeliger in Kontakt. Dass ihm ein solches Privileg zuteilwurde, zeugt von dem Respekt, den sein Vater John More unter der englischen Elite genoss. Morton war zudem ein Förderer dessen, was wir heute als Renaissance-Humanismus bezeichnen, und neben einer Ausbildung in Etikette und Umgangsformen bot er den Knaben in seinen Diensten eine herausragende wissenschaftliche Ausbildung und eine Einführung in die Kultur der Renaissance. Als Morton erkannte, dass es für More an der Zeit war, weiterzuziehen, sorgte er dafür, dass er an seiner Alma Mater, dem Canterbury College in Oxford, eingeschrieben wurde. Morton wurde irgendwann nach 1492 zum Kardinal ernannt und verstarb acht Jahre später.

More verlebte zwei anspruchsvolle, jedoch ergiebige Jahre in Oxford. Häufig war er ohne finanzielle Mittel, stellte ihm sein Vater doch ein so knappes Budget zur Verfügung, dass er sich nicht einmal die Reparatur seiner Schuhe leisten konnte. Er erlangte auch keinen akademischen Grad, und es gibt keine Aufzeichnungen über die von ihm belegten Kurse oder darüber, ob Morton oder sein Vater von ihm erwarteten, eine Laufbahn in der Kirche oder als weltlicher Jurist einzuschlagen. Canterbury war ein Benediktinerkolleg, das eine Ausbildung im kanonischen sowie zivilen Recht sowie traditionelle geisteswissenschaftliche Kurse wie Logik, Grammatik, Rhetorik und Philosophie anbot.[18] Thomas dürfte öffentlichen Disputationen beigewohnt und seine außergewöhnlichen rhetorischen Fähigkeiten geübt haben, die er bereits an der Saint Anthony's School und in Lambeth Palace unter Beweis gestellt hatte, und vor allem dürfte er seine

---

[18] Die sieben klassischen Freien Künste eines geisteswissenschaftlichen Lehrplans umfassten zu dieser Zeit das Trivium (Grammatik, Logik und Rhetorik) sowie das Quadrivium (Astronomie, Geometrie, Mathematik und Musik).

Lateinkenntnisse vertieft haben. Bemerkenswert ist, dass während Mores Zeit am Canterbury College Thomas Wolsey, der fünf Jahre älter war, nicht weit entfernt am Magdalen College studierte.

More war 15 Jahre alt, als sein Vater ihn 1493 vom Canterbury College nahm und ihn nach London zurückholte, um am New Inn, einem der etwa zehn Inns of Chancery, englisches Common Law zu studieren. Vor der normannischen Invasion im Jahr 1066 galt in England das angelsächsische Recht, das dem Recht der nordgermanischen Stämme auf dem Kontinent ähnelte. Nach dem Sieg Wilhelms des Eroberers über den angelsächsischen König Harold Godwinson in der Schlacht von Hastings wurde er König von England und verteilte einen Großteil des Landes an normannische Adelige, die für ihn gekämpft hatten. Diese Adeligen ersetzten die ehemaligen angelsächsischen Landbesitzer als Feudalherren und brachten ihr eigenes Recht mit, das sich im Laufe der Zeit mit dem angelsächsischen vermischte. Als ausländischer Herrscher eines allgemein unzufriedenen Volkes versuchte Wilhelm I., seine Macht zu zentralisieren und Unruhen zu unterdrücken, indem er die königlichen Vorrechte betonte und seine richterliche Gewalt durchsetzte. Diese Konzentration der königlichen Macht erforderte die Entwicklung einer Bürokratie und förderte in England schließlich schneller als andernorts in Europa ein nationales Bewusstsein. Um 1300 hatte England eine beliebte und legitimierte Monarchie, die durch die Anfänge des Parlaments unterstützt wurde. Wilhelm und seine königlichen Nachfolger blieben Herzöge der Normandie, was ihnen Einkünfte aus dem Herzogtum sicherte und ihnen eine Reserve loyaler normannischer Ritter verschaffte. Diese Ressourcen machten es dem König von England möglich, zusätzliche Feudalgebiete in Frankreich zu erwerben – was zur Fortsetzung des Hundertjährigen Krieges beitrug.

Die Entwicklung des englischen Common Law als Zusammenschluss des angelsächsischen und des normannischen Rechts war ein schrittweiser Prozess, der sich über Jahrhunderte erstreckte und sich aus einer langen Reihe kleiner Entscheidungen einzelner Anwälte und Richter bildete. Es ist unklar, welchen Einfluss das Kirchenrecht auf seine Entwicklung hatte. Eine Meinung besagt, dass sich beide Rechtssysteme in begrenztem Ausmaß beeinflussten und das kanonische Recht, das sich über Jahrhunderte auf dem Kontinent entwickelt hatte, als Quelle diente, derer sich die Juristen des Common Law bedienen konnten. Das kanonische Recht hatte sich im Hochmittelalter in ganz Europa durchgesetzt und war die einzige internationale Kodifizierung. Es wurde in den englischen Kirchengerichten angewandt, die neben den königlichen Gerichten existierten, und im Zuge der Weiterentwicklung beider Rechtssysteme kam es zwangsläufig zu Überschneidungen in der Zuständigkeit. Dies führte häufig zu unterschiedlichen Meinungsauffassungen (und manchmal auch zu Rivalitäten) zwischen kirchlichen und königlichen Gerichten über Rechte und Zuständigkeiten sowie zu Streitigkeiten über alte Privilegien.

Es ist möglich, dass die Juristen beider Gerichte gegenseitig Ideen und Argumente entlehnt haben, und zudem ist bekannt, dass englische Juristen des Common Law häufig lateinische Maximen aus kanonischen Rechtstexten verwendeten. Gesetzbücher sind keine statischen Gebilde, sondern entwickeln sich gemäß den sozialen, wirtschaftlichen und politischen Gegebenheiten und passen sich diesen an. Das kanonische Recht des Hochmittelalters wurde in Europa häufig an lokale Bräuche angepasst, ebenso wie es sich auf die Texte der Dekretalen stützte. Einige Wissenschaftstreibende vertreten jedoch die Ansicht, dass das römische Kirchenrecht im Hochmittelalter in England nicht denselben Einfluss hatte wie auf dem Kontinent, da das Rechtssystem in England früher effizienter und zentralisierter wurde und die Grundsätze des Kirchenrechts und die Texte des kanonischen Rechts in den weltlichen Gerichten wenig bis gar keine Verwendung fanden. Selbst wenn eine gegenseitige Beeinflussung angenommen wird, ist sicher, dass viele Bereiche des englischen Common Law nicht an das Kirchenrecht angepasst werden konnten und der Einfluss, den das eine Rechtssystem auf das andere hatte, möglicherweise so geringfügig war, dass es sich in der Praxis um sich ausschließende Rechtssysteme handelte.

Jedenfalls gibt es eindeutige Belege dafür, dass es während der Regierungszeit von König Eduard I. (reg. 1272–1307) eine Klasse der Zivilrechtsjuristen gab, die eine Fachausbildung absolvierten und einem Verhaltenskodex unterlagen, der strafrechtliche Sanktionen für unethisches Verhalten vorsah. Aufzeichnungen zeigen, dass sie an weltlichen und königlichen Gerichten tätig waren. Die Elite dieser Klasse bildeten die Serjeants-at-Law und die Judges, die den Vorsitz an den königlichen Gerichten innehatten. Heutige Wissenschaftler stellen fest, wie sehr sich die Gerichte des Common Laws von denen der Kirche unterschieden: (a) Common-Law-Anwälte und Richter wurden getrennt von ihren kirchlichen Kollegen und in einem anderen Rechtssystem ausgebildet; (b) ihre Verfahrensweisen unterschieden sich ebenso wie ihre Zuständigkeiten und Rechtsvorschriften; (c) sie verwendeten unterschiedliche Sprachen: Englisch und Anglo-Normannisches Französisch (Rechtsfranzösisch) in den Gerichten des Common Laws und Latein in den Kirchengerichten. Es gab jedoch auch Juristen und Richter, die in beiden Systemen ausgebildet und teils ordiniert waren, und diese Kompetenz war für diejenigen, die eine königliche Laufbahn anstrebten, von großem Wert.

Es ist wichtig zu erkennen, dass die in der modernen Welt bestehende Dichotomie zwischen religiösen und staatlichen Gesetzen im Spätmittelalter nicht existierte. Recht im allgemeinsten Sinne kann als Kodifizierung von Moral und Ethik betrachtet werden, aber für das spätmittelalterliche Denken spiegelte jedes Gesetz göttliche Rechtsprechung wider und war Teil davon. Die mittelalterliche Welt unterschied zwar zwischen dem „geistlichen Schwert" der religiösen Autorität und dem „weltlichen Schwert" der säkularen Autorität, aber der Konflikt zwischen beiden war noch nicht zufriedenstellend gelöst, und der moderne Begriff der „Trennung von Kirche und Staat" existierte im Denken vor der Reformation schlichtweg nicht. Die mittelalterlichen Juristen vertraten die Auffassung, dass die Gesetze Gottes (*leges Dei*) und die von menschlichen

Gesetzgebern (Königen, Parlamenten) erlassenen eine gemeinsame Quelle in Gott haben, auch wenn einige Gesetze direkt auf Gott zurückzuführen sind (Zehn Gebote, Gebote des Evangeliums) und andere weniger (Eigentumsrecht, Erbrecht). In der mittelalterlichen Denkweise glaubte man, dass menschliche Gesetze einen göttlichen Ursprung hätten, und das englische Common Law wurde als auf Vernunft und Gottes Gesetz gegründet verstanden.[19]

Dieser allgemeine Grundsatz, der die Grundlage der Rechtssysteme im Mittelalter bildete – dass alle legislative Macht von Gott stammt – und der Glaube, dass Religion, Recht und Regierung untrennbar miteinander verbunden sind, waren entscheidende Faktoren im Konflikt zwischen Heinrich VIII. und Papst Clemens VII. Thomas More wurde nur auf Drängen Heinrichs in diesen Streit verwickelt, und obwohl er aus dem königlichen Dienst ausschied und beabsichtigte, keine öffentliche Stellung zu nehmen, gelang es ihm nicht, sich vollständig aus dem Konflikt herauszuhalten. Letztlich war er gezwungen, sich zwischen dem Papst und dem König zu entscheiden.

Die Vorstellung von der Unteilbarkeit und göttlichen Herkunft von Religion, Recht und Regierung ist auch entscheidend für das Verständnis von Mores unerschütterlicher Opposition gegen Luther und andere Reformatoren. Er betrachtete Luthers Angriff auf den Papst und Heinrich VIII. als

---

[19] Möglicherweise wurde dieses Verständnis durch Römer 13,1–7 inspiriert.

Angriff auf die etablierte Gesellschaftsordnung und die Tradition. Als humanistischer Gelehrter unterstützte More konstruktive Reformen innerhalb der Kirche und der Gesellschaft, glaubte jedoch, dass einzelne Machthaber und Institutionen nicht einfach abgeschafft werden könnten, ohne Anarchie und Chaos zu verursachen, auch wenn menschliche Autorität eine unvollkommene Manifestation der Autorität Gottes ist. In diesem Sinne hätte More der spirituellen Maxime zugestimmt, dass *jede Rebellion zum Tod führt.*

~

Thomas More blieb zwei Jahre am New Inn in London. Wie die anderen Inns of Chancery bot auch das New Inn ein Vorbereitungsprogramm für das Jurastudium an einem der vier Inns of Court an. Nach seinem Abschluss trat Thomas in das nahe gelegene Lincoln's Inn ein, in dem sein Vater Mitglied war. Er war achtzehn Jahre alt, und die Ausbildung am Lincoln's Inn dauerte in der Regel vier bis acht Jahre, je nach Fähigkeiten der einzelnen Studenten. More blieb von 1496 bis zu seinem Abschluss im Jahr 1502 am Lincoln's Inn.

8

Ausbildung und Gemeinschaft
Gemeinschaft christlicher Humanisten

Die Studenten des Lincoln's Inn mussten ein halbes Jahr lang Vorlesungen besuchen, was es ihnen ermöglichte, anderen Interessen nachzugehen. More hatte bereits in jungen Jahren Gefallen an intellektuellen Studien und spiritueller Entwicklung gefunden und pflegte ein Leben lang die Gewohnheit, frühmorgens aufzustehen, um zu lesen, zu schreiben und in Stille zu meditieren, selbst in den Jahren hoher beruflicher Verpflichtungen und des königlichen Dienstes. Während seiner sechs Jahre am Lincoln's Inn konnte More prägende Beziehungen zu außergewöhnlichen Gelehrten aufbauen, darunter einigen Geistlichen, was seine formale Ausbildung am Lincoln's Inn ergänzte. Diese Gruppe christlicher Humanisten wurde später als die „Londoner Reformatoren" bekannt und umfasste:

- John Colet (1467–1519), der die Saint Anthony's School besuchte, bevor er in Cambridge und Oxford studierte. Anschließend reiste er nach Italien, wo sein religiöser Eifer zunahm. Nach der Rückkehr nach

77

England wurde er in der St. Paul's Cathedral zum Priester geweiht und fungierte unter anderem als Mores Beichtvater und geistlicher Berater. Später gründete er die Saint Paul's School in London und war dort als Dekan tätig.

- William Lily (1468–1522), Grammatiker. Er studierte in Oxford, bevor er nach Jerusalem, Griechenland und Italien reiste. Nach seiner Rückkehr nach London unterrichtete er Griechisch und Latein und verfasste ein Standardwerk lateinischer Grammatik, das bis ins 19. Jh. hinein verwendet wurde. Thomas More nahm Privatunterricht bei Lily, und die beiden wurden enge Freunde. Neben anderen Auszeichnungen ernannte John Colet Lily zum ersten High Master der Saint Paul's School.

- Thomas Linacre (1460–1524). Er studierte Griechisch bei William de Selling in Oxford, bevor er nach Florenz, Padua und Rom reiste, wo er sein Studium des Griechischen und Lateinischen fortsetzte. In Italien entwickelte er ein Interesse für Medizin und erwarb einen medizinischen Abschluss an der Universität von Padua. Anschließend kehrte er nach England zurück, um als Arzt zu praktizieren und Griechisch zu unterrichten (einer seiner Schüler war Thomas More). Heinrich VII. ernannte Linacre zum Lehrer von Prinz Arthur, später wurde er Leibarzt Heinrichs VIII.

- William Grocyn (1446–1519). Er studierte in Oxford und bekleidete dort später akademische Ämter als Fellow und Dozent. Mit Anfang 40 reiste er nach Italien und erhielt von Lorenzo de' Medici die Erlaubnis, bei den Lehrern von Lorenzos Kindern Griechisch zu lernen. Er kehrte nach Oxford zurück, um Griechisch zu unterrichten, und war später als Direktor des All Saints College tätig.

Diese englischen Gelehrten waren Teil einer wachsenden internationalen Gemeinschaft von Humanisten, die sich im Einklang mit dem Zeitgeist (den wir heute als Renaissance bezeichnen) für eine Bildungsreform oder „Wiedergeburt" einsetzten. Diese Bildungsreformbewegung war in gewisser Weise eine Reaktion auf den scholastischen Obskurantismus und die übertriebene Spekulation. Die Scholastik mit ihren Einteilungen, Abschnitten und Aufzählungen war mehr als drei Jahrhunderte lang das vorherrschende Bildungsmodell im Christentum gewesen, und große Kirchenmänner wie der Heilige Anselm und der Heilige Thomas von Aquin entwickelten sie sowohl als Bildungsmethode als auch als System der Philosophie und Theologie, um der religiösen Lehre intellektuelle Glaubwürdigkeit zu verleihen. Die Scholastik wurde jedoch auch für theologische Spekulationen verwendet, die manchmal ins Absurde abglitten (etwa die Frage, ob Christus als Maultier wiedergeboren worden sein und ob in einem solchen Fall ein Maultier gekreuzigt werden kann). Humanisten, von denen viele in der scholastischen Methodik erzogen worden waren, verspotteten derart unpraktische Spekulationen und boten stattdessen das an, was als „Neues Lernen" bekannt wurde – ein Begriff, der im 16. Jh. von den Katholiken aufgegriffen wird, um die protestantische Theologie zu verunglimpfen.

Die humanistische Denkweise war in gewisser Weise eine Reaktion auf die Scholastik, doch Männer wie Thomas More hätten sich gegen die Vorstellung gewehrt, dass sie revolutionär sei. Für sie bedeutete Humanismus die *Wiederentdeckung* von Erkenntnissen in den Schriften antiker heidnischer Autoren. Sie waren nicht wirklich neu, aber zeitlos und lediglich während des „*medium aevum*" oder „Mittelalters" in Vergessenheit geraten, nun aber ins intellektuelle Bewusstsein ihrer Zeit drangen (Wiedergeburt, Wiedererwachen). Die Humanisten betrachteten die Irrtümer der scholastischen Theologie in der gleichen Weise wie die Missbräuche des Klerus, für die die Kirche allgemein verantwortlich gemacht wurde (Simonie, Pluralismus, Habgier, Absentismus etc.), doch ihr Reformversuch durch ein Programm des klassischen Lernens war nicht als Ablehnung der Autorität oder der Lehre der Kirche gedacht. Die Korrektur institutioneller Fehler musste nicht zwangsläufig zu Rebellion führen, und die meisten frühen Humanisten waren loyale Kirchenmänner und fromme Christen, die sich eher für konstruktive Reformen als für Revolution oder Spaltung einsetzten. Dies erklärt, warum Männer wie Thomas More empfindlich auf Vorwürfe reagierten, das Neue Lernen habe den Protestantismus gefördert.

Der Humanismus hatte jedoch maßgeblich zum Aufstieg und Wachstum des Protestantismus beigetragen. Die Betonung der heidnischen klassischen Studien als Ergänzung zur Theologie und die Verlagerung des Schwerpunkts von der Göttlichkeit zur Menschlichkeit hatten wichtige, wenn auch unbeabsichtigte Folgen: Sie förderte kritisches Denken und individuelle

Interpretation, was zur Infragestellung von Autorität und Lehre führte. Gelehrte, die des Hebräischen und Griechischen mächtig waren, studierten die Bibel nun in ihren Originalsprachen und veröffentlichten Übersetzungen, darunter einige in der Volkssprache. Da Übersetzungen Interpretationen sind, kam es zu Meinungsverschiedenheiten über Wortwahl und Genauigkeit. Überdies beklagten Reformer wie Luther, dass viele Lehren und Praktiken der Kirche nicht in der Bibel zu finden seien. Die frühen Humanisten strebten nicht danach, die etablierte Ordnung zu stürzen, aber die von ihnen befürwortete Bildungsreform nahm unvorhergesehene Wendungen.

~

Christliche Humanisten wie Thomas More und die anderen Londoner Reformatoren wollten keine soziale und religiöse Revolution auslösen, sondern glaubten, dass „ehrenhafte Studien" sowie „fundiertes Lernen" intelligente, verantwortungsbewusste Bürger hervorbrachten, die zur Vervollkommnung der Gesellschaft beitragen. Mit einem Wort: Christliche Humanisten strebten nach Tugend – *moralischer, intellektueller, bürgerlicher* und *sozialer.* Sie bemühten sich, in Augustinus' „Stadt der Menschen" (der menschlichen Zivilisation in diesem Zeitalter, im Unterschied zur ewigen „Stadt Gottes") „gut zu leben", was die Ausübung moralischer, intellektueller, bürgerlicher und sozialer Tugend erforderte.

~

Die Kirche hat stets gelehrt, dass es keine größere Tugend gibt als die *Nächstenliebe* (die Liebe zu Gott und zum Nächsten), und Thomas More praktizierte diese sein ganzes Leben lang gewissenhaft. Zu seinen zahlreichen guten Taten gehörte es, regelmäßig die Armen zu besuchen, um ihnen Almosen zu bringen, und wenn seine Pflichten dies nicht zuließen, schickte er Familienmitglieder an seiner Stelle. Er bat zudem die Armen an seinen Tisch und beschenkte sie. Im Winter 1528, während einer Hungersnot, versorgte er täglich hundert Menschen in seinem Haus mit Essen. Als sein Landgut 1529 durch einen Brand schwer beschädigt wurde, weigerte sich More, seine Arbeiter zu entlassen, bis sie neue Anstellungen gefunden hatten. Zu seiner Hingabe an Gott gehörte auch der regelmäßige Besuch der Messe, und trotz seiner zahlreichen Verpflichtungen fand er Zeit, im Chor zu singen und an öffentlichen Prozessionen teilzunehmen.

Auch seiner Familie gegenüber war er großzügig, gab seinen Kindern häufig Geld und war einer der ersten, der die Bildung von Frauen unterstützte, indem er seinen Töchtern die gleiche Ausbildung zukommen ließ wie englischen Söhnen. Seine Großzügigkeit gegenüber anderen war jedoch nicht mit Selbstgefälligkeit verbunden. Unabhängig davon, was die moderne Welt von mittelalterlichen Bußbräuchen halten mag, praktizierte er körperliche Enthaltsamkeit, indem er vom frühen Erwachsenenalter bis zu seinem Tod ein Büßerhemd trug, um seine sinnlichen Gelüste zu zügeln und seine Begierden zu bändigen, und mit zunehmendem Alter wurde er besonders enthaltsam in Bezug auf Essen und Trinken.

Auch Thomas Mores Gebete scheinen wirksam gewesen zu sein. Im Jahr 1528 war seine Tochter Margaret am Schweißfieber erkrankt, und die Ärzte konnten kein wirksames Heilmittel finden. More zog sich zurück, um für sie zu beten. Dabei erhielt er die Eingebung, ein Einlauf würde ihre Symptome lindern und sie genesen lassen. Er betete auch für die Bekehrung seines Schwiegersohns William Roper, der von Kardinal Wolsey schwer dafür bestraft worden wäre, Lutheraner geworden zu sein, wäre er nicht Mores Schwiegersohn gewesen. Zu gegebener Zeit kehrte Roper zum Katholizismus zurück, nachdem er von der Zersplitterung der Reformbewegung und den unterschiedlichen Lehren der zahlreichen Führer enttäuscht war.

Man kann davon ausgehen, dass Mores Gebete deshalb wirksam waren, weil sie in der Nächstenliebe verwurzelt waren: der Königin aller Tugenden. Belege für seine wohltätige Gesinnung finden sich in den Berichten von Erasmus und seinen frühen Biografen, die ihn als freigiebig, freundlich, umgänglich und gutmütig gegenüber allen Menschen beschreiben. Selbst während seines Prozesses wegen Hochverrats behandelte er seine Ankläger und Richter, als wären sie seine Freunde, und wünschte sich aufrichtig, sie wären es. Erasmus kannte More von 1499 bis zu dessen Hinrichtung im Jahr 1535 und schrieb, dass er „niemals jemandem gegenüber böse Absichten gezeigt habe".

9

Erfüllung im Leben und Heiligkeit
Thomas Mores wahre Berufung

Uns ist nicht bekannt, was John More über Thomas' Berufung zum Priestertum und religiösen Leben dachte, aber wir wissen, dass Thomas von etwa 1501 bis 1504 in der Kartause in London lebte und mit Kartäusermönchen betete. Das Kloster lag unweit des Lincoln's Inn und seinem Elternhaus und wurde während der Auflösung der Klöster (1536–1541) aufgelöst. Zuvor war der Prior John Houghton (1486–1535) in Tyburn gehängt, gevierteilt und ausgeweidet worden, da er sich geweigert hatte, dem Suprematsgesetz zuzustimmen. Überreste der Londoner Kartause sind noch heute erhalten.

Wir wissen auch nicht, ob More in der Zeit, in der er nicht am Lincoln's Inn studierte, in den Gästegemächern des Klosters logierte oder sich eine Unterkunft in der Nähe des Klosters suchte. Frühe Chronisten berichten jedoch, dass er etwa vier Jahre lang fromm mit den Mönchen zusammenlebte. Möglicherweise stand er mit ihnen in der Nacht auf, um in der Kälte und Stille der Klosterkirche die Matutin und die Laudes zu singen, und nahm dann an den anderen Stunden des Stundengebets teil, die tagsüber gemeinsam gesungen wurden: Prim, Terz, Sext, Non, Vesper und Komplet. Möglicherweise wurde ihm zwischen den Gebetsstunden körperliche Arbeit zugewiesen, vielleicht arbeitete er im Garten oder half in der Küche bei der Zubereitung der Mahlzeiten. Vielleicht genoss er auch das Privileg, Zeit im Skriptorium zu verbringen, wo Mönche Manuskripte von Hand kopierten, eine traditionelle klösterliche Beschäftigung, die jedoch durch die Druckerpresse überflüssig wurde. Wahrscheinlich fastete er mit den Mönchen und genoss die Stille, Einsamkeit und Kontemplation, die das Charisma des Kartäuserordens ausmachen. Einer der frühen Biografen Mores berichtet, dass er erwog, Priester zu werden. Doch er legte nie ein Gelübde ab und entschied nach vier Jahren, dass seine wahre Berufung in Ehe und Familie sowie im Dienst an der Gesellschaft als Jurist lag. Möglicherweise erkannte er zu dieser Zeit, vielleicht aber auch erst später, dass zu seiner Berufung auch der Dienst durch Wissenschaft und literarische Aktivität gehörte.

Die Jahre, die More bei den Kartäusern in London verbrachte, vermittelten ihm eine spirituelle Bildung, die seine intellektuelle und berufliche Ausbildung, die er im Rahmen des formalen Studiums erhalten hatte, ergänzte. Selbst in den geschäftigsten Zeiten seines Lebens, als er Familienvater, Grundbesitzer, Anwalt, Richter, Beamter und königlicher Diener war, blieb er seiner Gewohnheit treu, frühmorgens zum Gebet und zum Studium aufzustehen. Später ließ er auf seinem Grundstück in Chelsea ein „Neues Gebäude" errichten, das eine Kapelle, eine Bibliothek und ein Arbeitszimmer umfasste. Jeden Morgen stand er, wie schon seit vielen Jahren, früh auf, um sich in die Stille und Einsamkeit zurückzuziehen und die Tugenden zu pflegen, die für seine Berufung notwendig waren.

Thomas More war in der Tat ein Mann der lebenslangen Bildung – *spirituell, intellektuell, menschlich* und *beruflich* – ebenso wie ein Mann der Tugend – *moralisch, intellektuell, gesellschaftlich* und *sozial*. Bildung in all diesen Lebensbereichen ist ein wesentlicher Aspekt für die Entwicklung eines Charakters und eines Gewissens, das zwischen wahren und scheinbaren Gütern unterscheiden kann. Die Pflege der Tugend ist keine leichte Aufgabe und auch keine einmalige Angelegenheit. Um ein Heiliger und insbesondere ein Heiliger Held zu werden, bedarf es Bildung, Opferbereitschaft, Hingabe und der Verpflichtung, auch in den schwierigsten Zeiten durchzuhalten.

Dennoch ist jedes menschliche Leben einzigartig und unwiederholbar, und es gibt kein Ausbildungsprogramm, das für alle geeignet ist, auch wenn es Parallelen gibt und Aktivitäten, an denen alle Aspiranten teilnehmen müssen (Gebet, Opfer, Ausübung von Tugend). Die Individualität des menschlichen Lebens und die Unterschiede zwischen einzelnen Personen und ihren heiligen Anliegen (siehe Buch Eins dieser Reihe) erfordern, dass Gott für jede Person einen einzigartigen Ausbildungsplan hat. Der Weg der Jeanne d'Arc zur Heldin und Heiligen unterschied sich etwa stark von dem des Thomas More. Von größter Bedeutung sind Gottes Wille und die Erkenntnis, dass er für jeden von uns einen individuellen Plan hat. Gott ist der oberste Ausbildungsleiter, und er wird uns so formen, dass wir unsere besondere Mission und Berufung auf Erden erfüllen können, und uns in Vorbereitung auf den Himmel heiligen und reinigen – wenn wir mit seiner Gnade zusammenarbeiten. Die vorrangige Aufgabe, die uns allen gemeinsam ist, besteht also darin, *zuzuhören* und **zu** *gehorchen*. Dies hat höchste Priorität in der christlichen Ausbildung und im Dienst an Gott. Thomas More verbrachte die frühen Morgenstunden damit, zu lesen und in Gebet und Besinnung auf Gottes stille, sanfte Stimme zu hören (1. Könige 19,12), der er dann gehorchte. Jede christliche Ausbildung führt letztlich zur Heiligkeit, und der Gehorsam gegenüber dem Willen Gottes ist das Wesen der Heiligkeit.

Thomas More war ein Mann, der sich ein Leben lang weiterbildete, und als die Zeit seines Todes kam, starb er in Würde. Im Gegensatz zu den meisten seiner Zeitgenossen, die vor dieselbe Wahl gestellt wurden, entschied sich More für den schmalen Weg, der zum Martyrium führte. Menschen, die in der Hospizpflege mit Sterbenden arbeiten, sagen: „Menschen sterben so, wie sie gelebt haben." Thomas More lebte ein Leben der Bildung und war ein Mann der Tugend und des Dienstes, und er starb auch so – als Diener Gottes und seines Nächsten, selbst wenn dieser Nächste ein König war, der ihm zu Unrecht nach dem Leben trachtete.

10

Aufstieg des Staatsdieners
Laufbahn und Familie

Die Jahre zwischen 1501 und 1504, in denen Thomas More in der Londoner Kartause über seine Berufung nachdachte, waren nicht ausschließlich der juristischen Ausbildung und kontemplativen Aktivitäten gewidmet. Nach seinem Abschluss am Lincoln's Inn im Jahr 1502 engagierte er sich verstärkt in der Gesellschaft und in den juristischen Belangen Londons. 1501 referierte er in der Saint Lawrence Jewry über Augustinus' *„De civitate Dei"* und zwischen 1503 und 1506 war er als Dozent für Rechtswissenschaften am Furnival's Inn, einer Anwaltskammer, tätig. Bemerkenswert ist auch, dass er 1501 begann, bei Thomas Linacre Griechisch zu lernen. Nachdem er seine wahre Berufung in der Ehe, der Familie und dem Rechtswesen erkannt hatte, besuchte er ab 1504 nicht mehr das London Charterhouse, sondern widmete sich ganz seiner Laufbahn als Jurist und der Suche nach einer geeigneten Ehefrau.

In seiner Biografie über More schrieb William Roper, dass sein Schwiegervater 1504 ins Unterhaus gewählt wurde und den Zorn

Heinrichs VII. auf sich zog, weil er sich gegen die Forderung des Königs nach einer Steuererhöhung aussprach. Es erscheint jedoch untypisch für More, sich öffentlich gegen den Willen des Königs zu stellen, und da keine andere Quelle dies bestätigt, ist es unwahrscheinlich, dass es tatsächlich geschehen ist. Sicher ist jedoch, dass er 1507 zum Finanzsekretär des Lincoln's Inn und im Dezember 1509 – mithilfe der mächtigen Mercers' Guild, die ihn zuvor als Mitglied aufgenommen hatte – ins Parlament gewählt wurde. 1510 wurde More einer der beiden Undersheriffs von London. In dieser Funktion beriet er den Bürgermeister und den Sheriff in Rechtsfragen und war als Richter am Sheriff Court tätig. Sein Ruf und sein Aufstieg wurden 1515 bestätigt, als der Rat des Königs ihn aufgrund seiner Fachkenntnisse im Handelsrecht bat, eine Delegation nach Brügge und Antwerpen zu begleiten, die diplomatische und kaufmännische Verträge (in denen es vorwiegend um den Wollhandel ging) zwischen England und Flandern verhandeln sollte. Die Mission war derart erfolgreich, dass Heinrich VIII. More eine jährliche Rente anbot, die er jedoch ablehnte, möglicherweise weil sie ihn zum königlichen Dienst verpflichtet und somit einen Interessenkonflikt mit Mores privater Kanzlei, seiner Tätigkeit als Stadtverwalter und seinem Engagement in der Londoner Politik dargestellt hätte. 1516 schloss sich More seinem Vater John als Mitglied der prestigeträchtigen Star Chamber unter der Leitung von Kardinal Wolsey an, der 1515 Lordkanzler von England geworden war. 1517 wurde More zu einer diplomatischen Mission nach Calais entsandt, um in Handelsstreitigkeiten zwischen England und

Frankreich zu verhandeln. 1517 war zudem das Jahr, in dem Luther seine *95 Thesen* anschlug.

Neben seinen Aufgaben als Anwalt, Richter, Verwaltungs-beamter und Diplomat widmete sich More weiterhin literarischen Aktivitäten, die er größtenteils in den frühen Morgenstunden ausübte. Seit 1496 verfasste er Gedichte, und 1510 veröffentlichte er *The Life of John Picus, Earl of Mirandola*, eine teilweise übersetzte und teilweise verfasste Biografie in englischer Sprache über den florentinischen Humanisten und Laien Giovanni Pico della Mirandola. Zwischen 1513 und 1518 arbeitete er an einem unvollendeten und unveröffentlichten Manuskript mit dem Titel *The History of King Richard III*, welches das Tudor-Regime stärken, Heinrich VIII. zu einer humanistischen Vision des christlichen Königtums ermutigen und ihn vor der Versuchung der Tyrannei warnen sollte. 1516 veröffentlichte er sein berühmtestes Werk, *Utopia*, eine Abhandlung im Stil der Reiseliteratur, die im frühen 16. Jh. im Zuge der Entdeckungen europäischer Seefahrer seit 1492 populär wurde.[20] In *Utopia* (griechisch für: nirgendwo) beschreibt More eine Inselnation aus Stadtstaaten, die von einer Wahlmonarchie regiert werden, jedoch eine erbliche Aristokratie verbieten. Mores *Utopia* wurde mit Platons *Politeia* verglichen, doch *Utopia* wurde in erster Linie als Kritik an der europäischen Gesellschaft und als Polemik gegen privilegierten Reichtum verfasst und nicht, um einen idealen Staat zu beschreiben, wie es Platon in *Politeia* tat. Nach dem Beginn der protestantischen

---

[20] Bekannt als das Zeitalter der Entdeckungen.

Reformation 1517 nutzte More seine literarischen Fähigkeiten, um Widerlegungen gegen Luther und andere Reformatoren zu verfassen.

Ende 1517 oder Anfang 1518 verließ More seine Position in der Star Chamber, um sich als Berater und Mitglied des Geheimrates dem Königshof anzuschließen. Bis dahin hatte er sich geweigert, in den königlichen Dienst zu treten, da er dafür seine private Kanzlei und sein Engagement in der Londoner Politik aufgeben musste. Außerdem hätte er dadurch weniger Zeit für seine Familie gehabt, der er sehr verbunden war.

1504 hielt More um die Hand von Jane Colt (1488–1511) an, der ältesten Tochter von John Colt aus Essex. Das Paar heiratete 1505. Sie schenkte ihm im selben Jahr Margaret, 1506 Elisabeth, 1507 Cecily und 1509 John. Jane verstarb 1511 im Alter von 23 Jahren, möglicherweise während der Niederkunft oder an einer Krankheit. More erhielt einen Dispens und ehelichte Alice Middleton (1474–1551) binnen eines Monats nach Janes Tod. Alice, fast vier Jahre älter als More und vierzehn Jahre älter als seine verstorbene Frau, war die Witwe eines Londoner Seidenhändlers, dem sie eine Tochter geboren hatte. Zudem besaß sie aus ihrer ersten Ehe Immobilien. More wollte Alice dringend heiraten, da sie eine angesehene Frau in der englischen Gesellschaft war und er kleine Kinder zu versorgen und einen Haushalt zu führen sowie eine Laufbahn zu pflegen hatte. Er brachte nie ein körperliches oder romantisches Interesse an ihr zum Ausdruck, was einigen Biografen zufolge ein weiterer Grund für die Heirat war. More war sein Leben lang darauf bedacht, Tugend zu üben, und Alice stellte für ihn keine Versuchung dar, die ihn von seiner Keuschheit abbringen konnte. In den 24 Jahren ihrer Ehe schenkte sie ihm keine Kinder, und seinen Äußerungen nach zu urteilen, war die Ehe nicht ideal. Doch trotz der gegenseitigen Unzufriedenheit war Alice More eine zuverlässige Haushälterin und Vermögensverwalterin und blieb ihm bis zu seiner Hinrichtung im Jahr 1535 treu.

11

Erasmus von Rotterdam
Freundschaft und die Freude am Lernen

Thomas More begegnete dem niederländischen Renaissance-Gelehrten Erasmus von Rotterdam erstmals im Jahr 1499. Die beiden wurden bald enge Freunde, die regelmäßig Briefe über den Ärmelkanal hinweg austauschten. Erasmus besuchte More nach dessen Heirat mit Jane Colt im Jahr 1505, und 1508 – vermutlich auf Drängen von Erasmus – unternahm More seine erste Reise auf den Kontinent, um die Universitäten in Paris und Löwen zu besuchen. Erasmus hatte einige Jahre an der Universität von Löwen verbracht und verfügte über Kontakte an der Universität von Paris. Obwohl es keine Aufzeichnungen darüber gibt, wird angenommen, dass er für More ein Treffen mit einigen seiner akademischen Kollegen arrangierte. More erklärte später, dass er in erster Linie daran interessiert war, mehr über die Curricula und Lehrmethoden dieser renommierten Bildungseinrichtungen zu erfahren.

Mores Reise nach Löwen und Paris offenbart einen weiteren wichtigen Aspekt seines Charakters: Er war mehr als nur ein angesehener Gelehrter und Vielleser; er war im Herzen ein *Pädagoge*: interessiert daran, Lehrinhalte zu verbessern und die neuen pädagogischen Methoden umzusetzen, die zu Beginn des 16. Jh. vorangetrieben wurden. Tatsächlich waren Humanisten begeisterte Anhänger der Entwicklung von Bildungstheorien, und Gelehrte wie More versuchten, theoretisches Wissen in die Praxis umzusetzen. Wahrscheinlich hätte er als Universitätsdozent für Rechtswissenschaften oder als Lehrer für Geisteswissenschaften Erfüllung gefunden. Zusätzlich zu den Lehr- und Dozentenstellen, die er vor dem Eintritt in den königlichen Dienst im Jahr 1518 innehatte, unterrichtete er Grammatik in Oxford, während Erasmus zur selben Zeit Griechisch in Cambridge lehrte. Seine Liebe zur Bildung zeigte sich auch zu Hause. Nachdem er 1505 die 17-jährige Jane Colt geheiratet hatte, versuchte er, ihr die Bildung zu vermitteln, die sie in ihrer Jugend nicht erhalten hatte. Bei der Erziehung seiner Kinder strukturierte er sein Heim wie eine Schule und setzte ein humanistisches Bildungsmodell um – das er und andere Humanisten als „Renaissance der guten Bildung" bezeichneten. Er entwarf einen Lehrplan mit Geschichte, Philosophie, Theologie, Sprache, Literatur, Mathematik und Naturwissenschaften und stellte Tutoren aus Oxford und Cambridge an, um die Schüler zu unterrichten. Seine Heimschule wuchs schließlich auf etwa ein Dutzend Jugendliche an und bot eine hochwertige Ausbildung, die mit den besten Schulen Londons konkurrieren konnte.

Während More in Bezug auf humanistische Bildungsmodelle mit dem Zeitgeist übereinstimmte, war er seinen Zeitgenossen in der Bildung von Frauen weit voraus. Er unterrichtete seine Töchter nach dem klassischen Lehrplan, den er auch seinem Sohn und den anderen männlichen Schülern vermittelte, und seine Schülerinnen erhielten eine Ausbildung, die nur mit der von Prinzessinnen aus Königsfamilien vergleichbar war. In seinem einflussreichen Werk *Utopia* befürwortete More die Bildung von Frauen und ihren Wert am Arbeitsplatz, und Erasmus gab später zu, dass More ihm aufgezeigt hatte, wie wichtig die Bildung von Frauen war.

Thomas More war bestrebt, den ihm anvertrauten Jugendlichen die *Liebe zum Lernen* zu vermitteln, erkannte jedoch, dass dies zweitrangig war gegenüber der Förderung ihrer *Sehnsucht nach Gott* – und so war sein Zuhause nicht nur eine Schule, sondern auch eine Art Kloster. Er verstand, dass die intellektuelle Bildung, die durch akademisches Studium erworben wird, nur ein Aspekt eines umfassenden Bildungsprogramms ist, und eine angemessene christliche Bildung auch die spirituelle und religiöse Dimension des Menschen berücksichtigen muss. Zu diesem Zweck gab er die Früchte seiner eigenen spirituellen Bildung weiter, insbesondere das, was er in der Londoner Kartause gelernt hatte. Er wusste, dass Gott in allen Dingen an erster Stelle stehen muss, und die vielleicht wichtigste Lektion, die er während seiner Zeit auf Erden vermittelte, war, dass er sein Leben für diese Wahrheit hingab.

12

Der neue König, Heinrich VIII.

Im April 1509 neigte sich das Leben Heinrichs VII. dem Ende zu. Doch er verstarb in dem Wissen, dass die Thronfolge der Tudors gesichert war. Er hatte England seit seinem Sieg über Richard III. in der Schlacht von Bosworth Field im Jahr 1485 regiert. Durch seine Heirat mit Elisabeth, der Tochter des York-Königs Eduard IV., hatte er die Häuser York und Lancaster vereint und die Rosenkriege beendet. Mit Ausnahme einer kurzen Revolte 1487, mit der Lambert Simnel (ein Anwärter aus dem Hause York) unterstützt wurde, war Heinrichs Herrschaft erfreulich friedlich verlaufen. Die Kämpfe zwischen 1455 und 1485 hatten die Reihen des Adels dezimiert, und viele der alten Familien waren erloschen. An ihre Stelle trat ein neuer Adel, der Heinrich treu ergeben war. Der König seinerseits war ein effizienter Verwalter (auch wenn seine Finanz- und Steuerpolitik unpopulär war) und bescherte dem Königreich dringend benötigte Stabilität, indem er die Autorität der Monarchie festigte und die Macht des Adels beschränkte. Dies schuf die Voraussetzungen für eine Zunahme des Handels und das Wachstum einer prosperierenden

Mittelschicht. Die Wirtschaft Englands blühte auf. Was von der mittelalterlichen Lebensweise mit lokalen Tyrannen adeliger Herkunft noch übrig geblieben war, verschwand während der Regierungszeit Heinrichs VII. allmählich, und England entwickelte sich rasch zu einem Nationalstaat, dessen politisches Zentrum eine mächtige Monarchie war.

Heinrich VII. überlebte seinen erstgeborenen Sohn Arthur (1486–1502) und seine Frau Elisabeth (1466–1503), bevor er 1509 verstarb. Sein zweitgeborener Sohn Heinrich war elf Jahre alt, als er Thronfolger wurde, und siebzehn, als er als Heinrich VIII. den Thron bestieg. Prinz Arthur war vor seinem Tod wenige Monate mit Katharina von Aragón (1485–1536) verheiratet gewesen. Heinrich VIII. heiratete Katharina kurz nach seiner Thronbesteigung, nachdem er die erforderliche Dispens von Papst Julius II. erhalten hatte. Königin Katharina gebar Heinrich während ihrer 24-jährigen Ehe jedoch keinen männlichen Erben, und angesichts der dynastischen Kämpfe, die der Herrschaft seines Vaters vorausgingen, und der Bedeutung, die der König einem friedlichen Machtwechsel beimaß, hielt Heinrich diesen Umstand für unerträglich. Trotz der päpstlichen Dispens, die ihm die Heirat mit Katharina ermöglicht hatte, strebte er schließlich die Annullierung seiner Ehe an, um erneut heiraten zu können. Der Papst lehnte dies ab. Überzeugt von seinen Fähigkeiten und ebenso eigensinnig und eigenwillig wie groß, robust und stark, war Heinrich entschlossen, sich weder durch die Verweigerung der Natur noch durch die Ablehnung des Papstes davon abhalten zu lassen, einen männlichen Erben zu zeugen.

Diese Ereignisse waren 1509 jedoch nicht vorhersehbar, und der freundliche, energische junge König bestieg unter großen Erwartungen den Thron; ganz so, als würde seine Krönung den Beginn einer neuen Ära einläuten. Die Steuerpolitik Heinrichs VII. war bei seinen Untertanen unbeliebt gewesen, und der neue König sowie seine Minister schafften sie rasch ab. Der verstorbene König war jedoch auch ein Förderer der Renaissance-Bildung gewesen und hatte seine Söhne mit Lehrern, Büchern und Frömmigkeit erzogen. Die Humanisten in England und auf dem Kontinent freuten sich, als Heinrich VIII. den Thron bestieg. Erasmus, einer der bedeutendsten Gelehrten seiner Zeit, kehrte 1509 nach England zurück, um Heinrichs großzügige Gunst zu erhalten.[21] Das humanistische Bestreben nach Frieden als notwendiger Voraussetzung für Reformen, sozialen Wohlstand und den Fortschritt der Bildung kollidierte jedoch schließlich mit der Schwärmerei des Königs für ritterliche Ideale und mittelalterliche Eroberungskriege, die ihn später dazu veranlassten, den Frieden in Frankreich zu stören.

Es gab weitere beunruhigende Aspekte im Charakter Heinrichs VIII., die mit den humanistischen Zielen unvereinbar waren und in den folgenden Jahren zum Vorschein treten sollten. Für einen kurzen Umriss seines Charakters möchte ich die Aussagen zweier Männer beleuchten, die ihn gut kannten und ihm als Lordkanzler dienten: Thomas Wolsey und Thomas More.

---

[21] Erasmus lehrte ab 1511 Griechisch in Cambridge und blieb bis 1514 in England.

Wolsey riet einmal einem anderen königlichen Diener: „Ich rate Euch, Euch gut zu überlegen und Euch dessen gewiss zu sein, was Ihr ihm in den Kopf setzt, denn Ihr werdet es nie wieder herausbekommen." In Bezug auf den Eigenwillen und die Unbesonnenheit des Königs erklärte Wolsey des Weiteren: „Eher würde er die Hälfte seines Reiches aufs Spiel setzen, als auch nur einen Teil seines Willens oder seiner Begierden aufzugeben oder zu verlieren." Thomas More, der Heinrich in seinem Haus in Chelsea empfangen hatte, wobei der König den Arm um ihn legte und mit ihm sprach, als wäre er ein enger Freund, sagte später zu seinem Schwiegersohn William Roper: „Wenn mein Kopf ihm eine Burg in Frankreich einbringen könnte … sollte er nicht zögern, ihn zu opfern." Später riet er Thomas Cromwell, der nach der Hinrichtung Mores 1535 Heinrichs oberster Minister wurde: „Sagt ihm stets, was er tun sollte, aber niemals, was er zu tun imstande ist … Denn würde ein Löwe seine eigene Stärke kennen, wäre es für jeden Menschen schwer, ihn zu beherrschen."

13

Lebensweg und Werden
Der Weg in den königlichen Dienst

Thomas More war 40 Jahre alt, als er den Ruf Heinrichs VIII. in den königlichen Dienst annahm. Er hätte sich kaum anders entscheiden können und blieb all dem treu, was ihm am wichtigsten war. More war mit Überzeugung Engländer und dazu ein Mann des *Rechts*, der *Ordnung*, der *Pflicht* und der *Tradition* — allesamt Werte, mit denen England reich gesegnet war.[22] More war zudem ein Mann der *Gemeinschaft*, und zu den vielen Gemeinschaften, denen er angehörte, zählten: (a) die häusliche Gemeinschaft seiner Familie; (b) die Gemeinschaft der Bürger seiner Heimatstadt London; (c) die Kirche als Gemeinschaft christlicher Gläubiger; (d) das Königreich England als Gemeinschaft königlicher Untertanen; (e) die englischen Humanisten als

---

[22] *Pflicht* erfordert unter anderem Gehorsam gegenüber legitimer Autorität, eine Eigenschaft, die More ein Leben lang schätzte und die sich zunächst im kindlichen Gehorsam gegenüber seinem Vater zeigte. Der Gehorsam gegenüber dem König war eine logische und notwendige Folge von Mores tief verwurzeltem Pflichtbewusstsein.

Gemeinschaft von Gelehrten und Freunden; (f) die internationale Gemeinschaft christlicher Humanisten in ganz Europa; und obwohl er keine klösterliche Berufung verfolgte, verbrachte er dennoch fast vier prägende Jahre mit (g) der religiösen Gemeinschaft der Kartäuser in London.

More erkannte, dass *Recht, Ordnung, Pflicht, Tradition* sowie *Gemeinschaftsgefühl* für den Erhalt und das Funktionieren der Gesellschaft unerlässlich und die einzige Garantie gegen Anarchie waren. Er verstand zudem, dass verantwortungsbewusstes Handeln als Mitglied einer Gemeinschaft die Ausübung von *Tugend* erfordert: *moralischer, intellektueller, bürgerlicher* sowie *sozialer Tugend*. Die christliche Tugendhaftigkeit impliziert einen Aufruf zu Dienst und Gehorsam, und für Thomas More bedeutete dies letztlich Gehorsam gegenüber dem Papst und dem König. Schließlich zwang Heinrich VIII. ihn, sich zwischen beiden zu entscheiden, und Mores Entscheidung – und für ihn gab es nie Zweifel an seiner Priorität – führte zu seinem Martyrium auf dem Tower Hill.

Als er jedoch Heinrichs Ruf folgte, war er sich der Gefahren des königlichen Dienstes bewusst, ebenso wie er sich der möglichen Konsequenzen bewusst war, die eine Weigerung, sich dem Willen des Königs über den des Papstes zu unterwerfen, mit sich brachte. Seine Entscheidungen waren stets fundiert, da er vor allem ein Mann des *Gebets,* des *Studiums*, der *Reflexion* und der *Bildung* war, der nach Wahrheit und Erleuchtung in all ihren Formen suchte. Die *menschliche, intellektuelle, spirituelle* und *berufliche Bildung,* die er durch akademische Studien, private intellektuelle Beschäftigungen und seine Gebetspraxis erhielt, bereitete ihn auf die wichtigen Entscheidungen vor, die er zu treffen hatte. Insbesondere die Ausbildung, die Juristen des Common Law zu dieser Zeit in England erhielten, stand der Ausbildung hochrangiger Geistlicher in nichts nach, und so galten die Juristen als die am besten ausgebildete Klasse von Laien in England. Sir John Fortescue (1394–1479), ehemaliger Chief Justice am King's Bench, verfasste eine einflussreiche Abhandlung über das englische Common Law, in der er argumentierte, dass alle Gerechtigkeit von Gott ausgeht und es eine Ähnlichkeit zwischen dem Recht der Kirche und dem Recht des Landes gibt, was eine Ähnlichkeit zwischen Priestern und Juristen impliziert. Juristen als gebildete Fachleute wenden das Recht des Landes an und sind in gewisser Weise mit Priestern vergleichbar, die innerhalb der Kirche amtieren. Laut Fortescue muss den Juristen in Fragen des weltlichen Rechts ebenso Respekt entgegengebracht werden wie Priestern in Fragen der Religion und des kanonischen Rechts. Fortescues Theorie schürte zweifellos die Rivalität, die sich in England zwischen den kirchlichen und den weltlichen Gerichten verschärfte, aber sie förderte auch die Vorstellung, dass Juristen analog zu Priestern, die der Kirche dienen, *Diener* des weltlichen Rechts sind. So sah sich More sicherlich selbst – als Diener des Common Laws und als Diener der Gerechtigkeit – und im Gegensatz zu vielen Juristen und Richtern seiner Zeit übte er eifrig Tugend.[23]

Mores Bildung ging jedoch über berufliches Wissen hinaus, und nach Jahren des privaten Studiums, Schreibens und Publizierens wurde er zu einem der führenden humanistischen Gelehrten seiner Zeit. Dennoch war es ein großer Schritt, in den königlichen Dienst Heinrichs VIII. zu treten, und More war von Anfang an mit den Neigungen und Denkweisen des Königs vertraut.[24] Er kannte Heinrich seit fast 20 Jahren, nachdem er ihn im Sommer 1499 in Eltham Palace, dem Wohnsitz Heinrichs, als dieser noch Duke of York gewesen war, kennengelernt hatte. Prinz Arthur, der Duke of Wales, lebte damals noch, doch die Gesundheit und Stärke, mit denen die Natur Heinrich gesegnet hatte, waren seinem älteren Bruder nicht in gleichem Maße zuteilgeworden, und Arthur verstarb 1502 vorzeitig. Erasmus war bei dieser ersten Begegnung im Jahr 1499 ebenfalls anwesend, und er, More und die anderen europäischen Humanisten waren voller Begeisterung, als Heinrich zehn Jahre später den Thron bestieg.

1518 war die anfängliche Begeisterung jedoch bereits abgeklungen. Heinrichs militärische Unternehmungen in Frankreich und sein Streben nach *Macht* und *Herrschaft* in England sowie

---

[23] Während der Jahre in der privaten Kanzlei, im öffentlichen Dienst und im königlichen Dienst erwarb More den Ruf, absolut unbestechlich zu sein.
[24] More und seine engsten Vertrauten waren sich Heinrichs Interesse an Ritterlichkeit und seiner Bewunderung für die Heldentaten seiner königlichen Vorgänger, insbesondere Heinrichs V., bewusst.

sein Wunsch, Einfluss auf die politischen Angelegenheiten auf dem Kontinent zu nehmen, standen in starkem Gegensatz zur humanistischen Überzeugung, dass Frieden die Voraussetzung für Einheit sei, und ihrem Traum von einer universellen Bruderschaft der Herrscher innerhalb der Christenheit. Die Humanisten hatten in Heinrich VIII. zunächst einen Renaissance-Monarchen und Philosophenkönig (den idealen Herrscher in Platons *Politeia*) gesehen, der die mittelalterliche Neigung zu Krieg und Eroberung aufgeben und ihr Reformprogramm in Bildung und Gesellschaft vorantreiben würde. Heinrich VIII. hatte jedoch seine eigene Vorstellung von Königtum und sein eigenes Verständnis von königlichen Vorrechten, die sich in späteren Jahren zu einer tief verwurzelten, selbstgerechten Überzeugung entwickeln sollten.

1518, als Thomas More in den königlichen Dienst trat, war Heinrich 27 Jahre alt. Er befand sich auf dem Höhepunkt seiner körperlichen Kräfte und wie andere englische Monarchen vor ihm strebte er nach Ruhm durch militärische Eroberungen und den Erwerb von Besitztümern auf dem Kontinent, insbesondere in Frankreich. Dies stellte More und seine humanistischen Überzeugungen vor eine große Herausforderung. Doch er war nicht nur ein Mann des *Gebets,* des *Studiums*, der *Reflexion* und der *Bildung*, sondern auch ein Mann mit *Urteilsvermögen*, und er muss seine Entscheidung mit derselben Umsicht getroffen haben, mit der er seine Berufung zur Ehe, Familie und Laufbahn als Anwalt erkannt hatte.

Grundregeln des Urteilsvermögens:

1. Beten und nachdenken
2. Zeit nehmen
3. Rat einholen
4. ggf. fasten und Enthaltsamkeit

Es gibt keine Aufzeichnungen über die Dauer oder Qualität von Mores Entscheidungsfindung, doch in Bezug auf diese Serie dürfen wir uns fragen, ob er sich für den königlichen Dienst *prädestiniert* fühlte, wusste, dass dies Teil einer göttlichen *Berufung* war und er von Geburt an dafür ausgewählt und vorbereitet worden war (*Mission*). Vielleicht ahnte er, dass sein Aufstieg in der englischen Gesellschaft Teil einer göttlich bestimmten *Missionsabfolge* war, deren nächster logischer Schritt der Dienst am König war, und vielleicht erkannte er den Ruf des Königs als einen *Kairos-Moment* – eine Gelegenheit, die sich nur einmal in Zeit und Ewigkeit bot und die eine Entscheidung erforderte, bevor sie für immer verging. Und womöglich empfand er inneren Frieden, als er sich entschloss, Heinrichs Ruf anzunehmen, auch wenn er sich der potenziell fatalen Folgen bewusst war, die eine solche Annahme mit sich bringen könnte.

Ein Grundsatz des spirituellen Lebens lautet, dass man etwas aufgeben muss, um etwas zu erhalten, und wenn der Charakter eines Menschen daran gemessen werden kann, was er bereit ist, für das zu opfern, was ihm am wichtigsten ist, so kann er wohl auch daran gemessen werden, ob er bereit ist, ein potenzielles, zukünftiges Opfer zu akzeptieren, um das zu tun, wozu er sich im gegenwärtigen Moment von Gott berufen fühlt. Im Fall von Thomas More wurde dieses potenzielle Opfer Wirklichkeit, und als Gegenleistung für seine Bereitschaft, sein Leben zu opfern, erhielt er die Erfüllung seiner Mission auf Erden und die ewige Ehre des Martyriums und der Heiligsprechung.

~

Als Thomas More 1518 in den königlichen Dienst trat, erklärte Heinrich VIII., dass er von ihm erwarte, ein loyaler Diener des Königs zu sein, jedoch in erster Linie ein Diener Gottes. Es ist unwahrscheinlich, dass diese Ermahnung More das trügerische Gefühl vermittelte, Heinrich habe seine Prioritäten richtig gesetzt. Aber die Aussage kam von einem Mann, der dies zu diesem Zeitpunkt wahrscheinlich wünschte, und wurde von einem Mann gehört, der ohnehin die Absicht hatte, genau das zu tun. Die mittelalterliche Vorstellung, dass Könige durch göttliches Recht herrschten, war zu Beginn des 16. Jh. noch weitverbreitet, und wie viele seiner Zeitgenossen glaubte More, die Monarchie sei eine von Gott bestimmte Institution. More betrachtete es als christliche Pflicht, Gott zu dienen, und als die Pflicht eines englischen Untertanen, dem König zu dienen (der zu dieser Zeit noch nicht der selbstsüchtige und gewalttätige Despot war, zu dem er später werden sollte). Überdies musste More sich verpflichtet fühlen, eine Ernennung zum königlichen Berater anzunehmen, gerade *weil* er humanistischer Gelehrter war.[25] Die Humanisten strebten nach Einfluss auf die Herrscher, um ihre Ideen in die Regierungspolitik einfließen zu lassen, doch nur wenige gelangten je in die Position, Monarchen direkt beraten zu können. Die meisten Humanisten hätten More um das angebotene Privileg beneidet, haben Ideen doch mehr Gewicht, wenn sie von einem vertrauten Berater empfohlen werden.

~

Es ist bemerkenswert, dass Thomas More seine Laufbahn als königlicher Diener etwa zur gleichen Zeit begann, als Martin Luther seine als protestantischer Reformator startete. Weiterhin ist bemerkenswert, dass beide Männer eine ähnliche, aber dennoch unterschiedliche Vergangenheit hatten. Luthers Vater, Hans Luther, bestand darauf, dass sein Sohn Jurist werden sollte, damit er in der deutschen Gesellschaft zu Ansehen gelangen konnte. Doch Martin widersetzte sich seinem Vater und brach das Jurastudium ab, um Augustinermönch zu werden. Thomas Mores Vater, John (dt. „Hans"), wollte ebenfalls, dass sein Sohn Jurist wurde, und obwohl Thomas vier Jahre lang eine Berufung zum Kartäuserorden verspürte, schloss er sein Jurastudium ab und entschied sich für den Beruf des Anwalts. Beide Männer stiegen über die Erwartungen ihrer Väter hinaus zu Prominenz auf und wurden zu berühmten Persönlichkeiten der Geschichte.

---

[25] Auch wenn der Begriff Humanist zu dieser Zeit noch nicht gebräuchlich war.

Luther schlug seine *95 Thesen* am 31. Oktober 1517 an, – weniger als ein Jahr, bevor More in den königlichen Dienst trat – es ist jedoch unwahrscheinlich, dass More dieses Ereignis als etwas Ungewöhnliches betrachtete, sofern er überhaupt davon Kenntnis hatte. Öffentliche wissenschaftliche Diskurse galten als gewöhnlicher Zeitvertreib im akademischen Leben des Mittelalters, und selbst der Papst betrachtete es zunächst als „Streit unter Mönchen". More konnte auch nicht ahnen, welche Auswirkungen Luthers Thesenanschlag haben würde. Ihre Wege trennten sich bereits früh im Leben wegen ihrer Berufswahl, und sie sollten sich erneut aufgrund ihrer religiösen Überzeugungen trennen. Luther lehnte schließlich den Papst und die etablierte Kirche ab, während More sich gegen Luther und die anderen Reformatoren stellte, da sie gegen alles waren, was ihm am wichtigsten war: Recht, Ordnung, Pflicht, Tradition, Gemeinschaft und Tugend. Sie trafen einander nie persönlich, doch ihre Meinungsverschiedenheiten brachten sie auf einen Kollisionskurs, der in polemischen Traktaten gipfelte, die sie gegeneinander verfassten und veröffentlichten.

1520 veröffentlichte Luther *Von der babylonischen Gefangenschaft der Kirche*, in dem er vier der sieben Sakramente ablehnte und nur die Taufe, die Buße und die Eucharistie bejahte. Heinrich VIII. reagierte darauf mit der Veröffentlichung der *Verteidigung der Sieben Sakramente* 1521, wofür er von Papst Leo X. den Titel „Verteidiger des Glaubens" erhielt. Luther konterte mit „*Gegen Heinrich, König der Engländer*" (1522), das kaum mehr als eine grobe, persönliche Attacke war und fast keine theologischen

Argumente enthielt. Der König ließ sich nicht dazu herab, auf diese Schmähschrift zu antworten, sondern bat More darum. 1523 veröffentlichte More unter dem Pseudonym William Ross *Antwort auf Luther* (nicht ohne etwas vulgäre und wenig heilige Rhetorik).

14

Fülle der Zeit
Königlicher Dienst (1518–1529)

Im Juli 1518 trat Thomas More von seinem Amt als Undersheriff von London zurück und wurde im selben Jahr zum Master of Requests des Königs ernannt. Im Juni 1520 unterstützte er als Berater Heinrichs VIII. eine bedeutende diplomatische Mission. Das Feld des Güldenen Tuches (wie es später genannt wurde) war ein 18-tägiges Fest in der Nähe von Calais, dessen Höhepunkt ein Gipfeltreffen zwischen König Heinrich VIII. von England und König Franz I. von Frankreich (1494–1547) war. Beide waren junge, gut ausgebildete und athletische Männer von robuster Konstitution.[26] König Ludwig XII. von Frankreich (1462–1515) hatte keinen männlichen Erben, als er am 1. Januar 1515 starb. Sein Nachfolger wurde Franz I. (reg. 1515–1547), Sohn von Karl von Orléans, Graf von Angoulême, und Schwiegersohn Ludwigs XII. durch seine Heirat mit dessen ältester Tochter Claude (1499–1524). 1513 fiel Heinrich VIII. in Frankreich ein

---

[26] Sie starben auch im selben Jahr, 1547, nur zwei Monate nacheinander.

und besiegte mithilfe des Heiligen Römischen Kaisers Maximilian I. die französischen Truppen in der Schlacht bei Guinegate. Die Engländer eroberten die Städte Tornai und Thérouanne – ein bescheidener territorialer Gewinn für einen König, der Kriegerkönige wie Heinrich V. und Richard Löwenherz verehrte und ihre Taten nachahmen wollte –, doch Heinrich VIII. gewann dadurch an Ansehen als Feldherr. Franz hatte in den Truppen Ludwigs XII. gekämpft und seinen militärischen Ruf als König durch den Sieg über die Schweizer in der Schlacht von Marignano im September 1515 gefestigt.

Heinrich VIII. wurde jedoch nicht zur Unterzeichnung des Friedensvertrages eingeladen, der nach dem französischen Sieg bei Marignano geschlossen wurde. Eine Demütigung für den englischen König. Kardinal Thomas Wolsey (1473–1530), der 1514 einen separaten Friedensvertrag mit Frankreich ausgehandelt hatte, milderte diese Kränkung und stellte Heinrichs verlorenes Ansehen Großteils wieder her, indem er den Vertrag über allumfassenden Frieden (oder Vertrag von London) ausarbeitete, der im Oktober 1518 von allen großen europäischen Mächten unterzeichnet wurde. Dieser Vertrag sah ein Treffen Heinrichs VIII. und Franz I. vor, um ihre persönliche Rivalität zu mildern, doch Kaiser Maximilian I. starb 1519, und beide Könige erhoben Anspruch auf den Kaiserthron. Es war jedoch nahezu unmöglich, dass die Kurfürsten einen Kandidaten außerhalb der Habsburger ernennen würden, und die Wahl fiel auf den 19-jährigen König von Spanien, Karl V. (1500–1558), Enkel Maximilians I. und Sohn eines habsburgischen Erzherzogs. Die

Rivalität zwischen Franz I. und Karl V. sollte bald eine Intensität erreichen, die die zwischen Franz I. und Heinrich VIII. noch übertraf – und drehte sich größtenteils um die Kontrolle über Norditalien. Der Streit wurde nur teilweise beigelegt, als 1525 eine kaiserliche Armee die Franzosen in der Schlacht bei Pavia besiegte und Franz I. gefangen nahm. Der französische König wurde in Spanien inhaftiert und gezwungen, im Frieden von Madrid erhebliche Zugeständnisse zu machen. Nach seiner Freilassung schloss Franz jedoch ein Bündnis mit England und lehnte die Bedingungen des Vertrags ab, obwohl er zuvor seine beiden Söhne als Geiseln übergeben hatte.

Nachdem die Kaiserwahl 1519 entschieden war und weder Heinrich VIII. noch Franz I. als Anwärter infrage kamen, schloss Wolsey die Vorbereitungen für das Gipfeltreffen während des Feldes des Güldenen Tuches 1520 ab. Der Platz wurde von einer Heerschar französischer und englischer Zimmerleute, Zeltmacher, Maurer und Handwerker sowie Künstlern aller Art für den Empfang der königlichen Gefolgschaften vorbereitet. Aufwendige, jedoch temporäre Paläste, Innenhöfe und Pavillons wurden errichtet. Dazu wurden Holzrahmen auf ein Fundament aus Ziegelsteinen gesetzt und mit Leinen bespannt, das anschließend bemalt wurde, um wie Mauerwerk auszusehen, oder mit golddurchwebter Seide überzogen. Die temporären Gebäude wurden außerdem mit Buntglas, Klarglas, Terrakotta sowie ornamentalen Verzierungen versehen. Keine Seite scheute Kosten und Mühen, um die andere zu beeindrucken. Die 18 Tage wurden mit großen Feierlichkeiten, aufwendigen Festessen und spektakulären Turnieren verbracht, an denen schätzungsweise 12 000 Menschen teilnahmen. Dass Thomas More als königlicher Berater in die englische Delegation berufen wurde, festigte seinen Ruf als einer der führenden Männer Englands.

1521 wurde More zum Ritter geschlagen und zum Unterkämmerer der Staatskasse ernannt; eine Position, die höher war als alle seine bisherigen Ämter. Laut Erasmus hatte More diese Stelle nicht angestrebt, sondern war vom König einem Kandidaten vorgezogen worden, der für diese Ehre Geld angeboten hatte. Im selben Jahr rief Heinrich VIII. Eduard Stafford, Duke of Buckingham, von seinen Ländereien in Gloucestershire nach London. Buckingham ahnte nichts vom Vorhaben des Königs, ihn hinrichten zu lassen, und innerhalb eines Monats wurde Englands hochrangigster Adeliger enthauptet. Stafford, ein direkter Nachkomme Eduards III., verteidigte die alten Feudalrechte des Adels und stand der Politik Heinrichs und Wolseys äußerst kritisch gegenüber. Er äußerte sich zu oft und zu laut, um unbemerkt zu bleiben, und wägte sich zudem in der Hoffnung, er könne eines Tages König werden – unkluge Äußerungen eines jungen Mannes von 44 Jahren, dessen König seit Jahren auf einen männlichen Erben hoffte. Der Prozess wurde unter Ausschluss der Öffentlichkeit vor einem Gericht aus Ministern des Königs geführt. Das Parlament wurde nicht konsultiert. In früheren Zeiten hätte ein solches Verfahren angesichts Staffords Status Empörung in der Gesellschaft und möglicherweise Rebellion seitens des Adels hervorgerufen, doch die Auswirkungen der Rosenkriege saßen tief und Heinrich VII.

und Heinrich VIII. hatten den Adel so gründlich gezähmt, dass der Prozess und die daraus folgende Hinrichtung lediglich zeigten, wie zentralisiert die königliche Macht im frühen 16. Jh. in England geworden war. Tatsächlich war dieses Unterfangen leicht zu bewerkstelligen, und gerichtlich angeordnete Morde blieben für den Rest seiner Regierungszeit eine bequeme Lösung für die Dilemmata des Königs.

1522 wurde More Heinrichs Privatsekretär. Der König strebte weiterhin nach ritterlichem Ruhm und militärischen Eroberungen und erwog, erneut in Frankreich einzumarschieren. More, der den Wunsch der Humanisten nach Frieden teilte, riet ihm davon ab. Heinrich und Wolsey hatten sich jedoch bereits seit 1521 mit Karl V. gegen Franz I. verschworen, und 1522 wurde der Krieg wiederaufgenommen. Der Kaiser wollte die französischen Truppen aus Norditalien vertreiben, während sich Heinrich – wie vor ihm Heinrich V. – Gebiete in Frankreich sichern wollte. Wolsey war während seiner Jahre im Dienste Heinrichs stets bestrebt, den Willen Heinrichs zu erfüllen, und so wurden 1522 und 1523 erneut englische Truppen nach Frankreich entsandt. Wie bereits in der Vergangenheit verwüsteten englische Truppen weite Teile Frankreichs, doch es wurde kein wirklicher Vorteil errungen, und die Staatskasse war erschöpft.

Wolsey war 1523 gezwungen, das Parlament einzuberufen, um eine Steuerbewilligung zu erwirken. Da er wusste, dass eine neue Kriegssubvention entschiedenen Widerstand hervorrufen würde, beantragte er, Thomas More zum Sprecher des

Unterhauses zu ernennen, damit der Antrag mehr Gehör finden würde. More stand dem Krieg und seinen Kosten skeptisch gegenüber, willigte jedoch aus Pflichtbewusstsein ein. In seiner ersten Rede schlug er mehr Redefreiheit für die Mitglieder des Parlaments vor und setzte dies auch durch, doch die Kriegszulage war eine schwierigere Angelegenheit. More und Wolsey setzten sich schließlich durch und die Zulage wurde bewilligt, doch die Bevölkerung war nicht bereit, Heinrichs ehrgeizige und weitgehend erfolglose Abenteuer auf dem Kontinent zu finanzieren. Seine königlichen Gesandten, die sich daran machten, ihre unglückliche Aufgabe zu erfüllen, stießen in den Grafschaften und Gemeinden auf Widerstand.

Es gab weitere Gründe für das unvermeidliche Scheitern der Kriegspolitik des Königs, die seinem Lordkanzler nicht entgangen waren. Wolsey verstand, dass das vorrangige Eigeninteresse sowohl Heinrichs VIII. als auch Karls V. jede reale Möglichkeit, ihre Kriegsanstrengungen zu koordinieren, ausschloss und keiner der beiden Monarchen dem anderen vertraute. Heinrich war bei seinen zwei Millionen Untertanen unbeliebt geworden, und Wolsey – ein wohlhabender, mächtiger Prälat und die Personifizierung all dessen, was in der Kirche reformiert werden musste – hatte sich auf seinem Weg an die Spitze Feinde gemacht. Wolsey benötigte entweder einen Sieg in Frankreich oder Frieden, und das schnell. Ein langwieriger Krieg würde den Ruin für Heinrichs Außenpolitik und seinen Ruf bedeuten, und der König würde ihm nur dann loyal bleiben, wenn es ihm persönliche Vorteile brachte. Wolsey wusste, dass er als Sündenbock für eine gescheiterte Politik geopfert werden konnte, so wie Heinrich die unpopulären Minister seines Vaters, Edmund Dudley und Richard Empson, geopfert hatte, die er 1510 wegen Hochverrats hatte hinrichten lassen. Heinrich VIII. betrachtete solche Morde als königliches Vorrecht.

Gegen Ende 1523 befehligte Charles Brandon, Duke of Suffolk, die englischen Truppen in Frankreich und erhielt den Befehl, nach Paris vorzurücken. Die Kampagne scheiterte jedoch und endete im Frühjahr 1524. Am 24. Februar 1525 (dem 25. Geburtstag des Kaisers) wendete sich das Kriegsglück gegen Frankreich, als die Armeen Karls V. die französischen Truppen besiegten, die Pavia belagerten, und Franz I. gefangen nahmen. Karl V. konnte nun mit dem französischen König zu seinen Bedingungen verhandeln. Als Heinrich VIII. von dem Sieg erfuhr, war er von Freude überwältigt, glaubte er doch, die Krone Frankreichs sei in greifbarer Nähe – oder dass er zumindest die während des Hundertjährigen Krieges verlorenen Provinzen zurückgewinnen könnte. Er entsandte umgehend eine englische Delegation nach Spanien, um eine gemeinsame Invasion Frankreichs zu verhandeln, doch die Mission war erfolglos. Karl brauchte Heinrich nicht mehr und war nicht bereit, Frankreich zu ruinieren. Ohnehin konnte sich keiner der beiden Monarchen einen weiteren kostspieligen Feldzug leisten. Noch schlimmer für Heinrich war, dass Karl das Versprechen, Heinrichs Tochter Maria zu heiraten, zugunsten einer Ehe mit einer portugiesischen Prinzessin widerrief. Eine weitere Demütigung Heinrichs, und es war Wolseys Aufgabe, das Ego des Königs zu besänftigen und seinen beschädigten Ruf im In- und Ausland wiederherzustellen. Ein Friedensvertrag mit Frankreich wurde rasch ausgehandelt, und Heinrich blieb nichts anderes übrig, als über die Doppelzüngigkeit seines kaiserlichen Neffen nachzudenken. Doch ein anderes Problem beschäftigte den König noch mehr: der fehlende männliche Erbe und die Frage der Thronfolge in England, die mit jedem Jahr dringlicher wurde.

~

1524 wurde Sir Thomas More zum High Steward der Universität Oxford ernannt und im selben Jahr zog er mit seiner Familie von London in ein Anwesen, das er in Chelsea hatte erbauen lassen und das Great House genannt wurde. 1525 wurde er zum High Steward der Universität Cambridge und zum Kanzler des Herzogtums Lancaster – einem der größten und bedeutendsten Landbesitze des Königs – ernannt. 1526 wurde er als eines von vier Mitgliedern in den Unterausschuss des Königlichen Rates berufen. Mores Aufstieg in Heinrichs Diensten fiel mit der wachsenden Sorge des Königs wegen des fehlenden männlichen Erben zusammen. 1527 konsultierte Heinrich More bezüglich der Möglichkeit einer Annullierung seiner Ehe, und später in diesem Jahr beschloss er, seine Ehe mit Katharina, der er die Unfähigkeit zur Zeugung eines männlichen Nachfahren zuschrieb, zu beenden. Diese Entscheidung wurde vermutlich durch Heinrichs wachsende Zuneigung zu einer jungen Hofdame, Anne Boleyn (1501–1536), der Schwester seiner einstigen Geliebten Mary Boleyn (1499–1543), vorangetrieben.

Während Heinrich mit seinen Ministern über die Möglichkeit einer Annullierung diskutierte, traf eine bedeutende Nachricht aus Italien ein: Hungrige und unbezahlte kaiserliche Truppen hatten am 6. Mai 1527 Rom geplündert und Papst Clemens VII. in der Engelsburg festgesetzt. Die Christenheit war in Aufruhr, und Wolsey und More wurden nach Frankreich entsandt, um das englisch-französische Bündnis zu festigen. Wolsey vermutete, dass Heinrichs Wunsch nach einer Annullierung erfüllt werden könnte, wenn er eine päpstliche Vollmacht erhielt, die ihm vorübergehend die Befugnis verlieh, während der Inhaftierung Clemens' VII. als Stellvertreter des Papstes in England zu fungieren. Das Vorhaben scheiterte jedoch, als der Papst den Kardinälen, die seine Autorität umgehen wollten, die Versammlung in Avignon verweigerte. Ohne Wolseys Wissen schmiedeten die Familien Boleyn und Howard einen gemeinsamen Plan, um Anne anstelle von Katharina zur Königin zu machen.

Während Wolsey in Frankreich verhandelte und keinen direkten Einfluss auf den König ausüben konnte, nahm Heinrich VIII. an Tanzveranstaltungen und Abendessen mit Anne und weiteren Mitgliedern seines Hofes teil. Dabei festigte sich sein Entschluss, die Jungfer zu heiraten. Er hatte in der Heiligen Schrift nach einer Rechtfertigung gesucht, um eine Dispens von seinem Ehegelübde zu erhalten, und fand in Levitikus eine Passage, die es einem Mann verbot, die Frau seines Bruders zu heiraten. Da Katharina einst mit Heinrichs Bruder Arthur verheiratet gewesen war, wies Heinrich Katharina auf die mögliche Ungültigkeit ihrer Ehe hin und bestand darauf, dass sie fortan getrennt lebten. Katharina sandte umgehend eine Nachricht an ihren Neffen Karl V., der daraufhin Druck auf Clemens VII. ausübte, die Gültigkeit der Ehe zu bekräftigen. Dies schränkte Wolseys Möglichkeiten erheblich ein. Er war der ranghöchste Prälat in England[27], und Heinrich benötigte Wolseys Unterstützung, wenn er noch Hoffnung auf eine Annullierung haben wollte. Wolsey hatte es sich zur Aufgabe gemacht, dem König jeden Wunsch zu erfüllen – ein Talent, an das Heinrich sich gewöhnt hatte –, doch wegen seiner Hochmütigkeit und seiner ostentativen Zurschaustellung von Reichtum und Macht wurde der Kardinal allgemein verachtet. Er hatte sich Feinde unter den Adeligen gemacht, die seine Macht neideten. Zudem sah er sich am Hof Intrigen und Widerstand seitens der Boleyn-Fraktion ausgesetzt, der sein Einfluss auf den König ein Dorn im Auge war. Erschwerend kam hinzu, dass Katharina beim englischen Volk beliebt war und vehement gegen die Scheidung protestierte. Letztendlich war die Aufgabe zu gewaltig, und Wolsey scheiterte in der „großen Angelegenheit des Königs"; ein Versagen, das ihm nicht verziehen werden sollte.

Doch noch hatte der bedeutende Mann der Kirche und des Staates noch nicht sein letztes Wort gesprochen. Wolsey kehrte nach Abschluss der Verhandlungen in Frankreich nach England zurück und widmete sich intensiv der Umsetzung einer

---

[27] Wolsey war aufgrund seines Amtes als Kardinalerzbischof von York der Primas von England.

Scheidung. Seine Pläne wurden jedoch durchkreuzt, als aus Kontinentaleuropa die Nachricht vom Sieg des Kaisers über die Franzosen in der Schlacht bei Landriano am 21. Juni 1529 eintraf, der den Sieg Karls V. bei Pavia und seine Kontrolle über Norditalien besiegelte. Der Streit zwischen Franz I. und Karl V. war beigelegt, und bald darauf folgte mit der Unterzeichnung des Vertrags von Barcelona das Ende der Auseinandersetzung zwischen Karl V. und Clemens VII. am 29. Juni 1529. Während dieser Gespräche trafen sich Louise von Savoyen (die Mutter Franz' I.) und Margarete von Österreich (die Tante Karls V.) in Cambrai, um ein Friedensabkommen (der später Damenfriede genannt werden sollte) zwischen dem Kaiserreich und Frankreich zu schließen. Weder Franz I. noch Karl V. wollten England in die Beratungen einbeziehen, und Wolsey, der kurz zuvor vom Papst gemeinsam mit Kardinal Lorenzo Campeggio zum päpstlichen Legaten ernannt worden war, um die Gültigkeit der königlichen Ehe zu untersuchen, wurde von den Gesprächen in Cambrai überrascht. Da er aufgrund des Scheidungsverfahrens London nicht verlassen konnte, schickte er am 30. Juni Thomas More und Bischof Cuthbert Tunstall nach Cambrai. Als sie dort jedoch mehr als eine Woche später eintrafen, waren die Verhandlungen im Wesentlichen abgeschlossen. Der englischen Delegation blieb nichts anderes übrig, als aus der Mission zu retten, was zu retten war, und es gelang ihr in bescheidenem Maße, die bestehenden Handelsbestimmungen zwischen England und den Niederlanden aufrechtzuerhalten.

Der im August 1529 unterzeichnete Frieden von Cambrai bedeutete den Ruin der Außenpolitik Heinrichs VIII. und Kardinal Wolseys, doch für Humanisten wie Thomas More war er ein Sieg für den Frieden. More betrachtete Cambrai als die wichtigste diplomatische Mission seiner Laufbahn, und sie erfüllte ihn mit so großer persönlicher Zufriedenheit, dass er sie in seinem vor seinem Tod verfassten Epitaph erwähnte, das an seinem Grab in Chelsea angebracht werden sollte.

Wolseys Dilemma wurde hingegen immer größer. Bevor More und Tunstall aus Cambrai nach Hause zurückkehrten, wurde die letzte Sitzung des Gerichts unter dem Vorsitz von Kardinal Campeggio, die über die Gültigkeit der königlichen Ehe entscheiden sollte, von Campeggio ohne Urteil vertagt, und die Entscheidung heimlich nach Rom zurückgerufen. Im Nachhinein wissen wir, dass der Papst nie die Absicht hatte, die ursprüngliche Dispens, die Heinrich und Katharina die Heirat ermöglichte, aufzuheben. Die Hoffnungen des Königs in dieser Angelegenheit waren, ebenso wie seine Außenpolitik, zum Scheitern verurteilt, und Wolseys Position war nun aussichtslos. Sein Stern, der über so viele Jahre aufgegangen war, befand sich nun im raschen Niedergang, und seine 15 Jahre an der Spitze der kirchlichen und staatlichen Angelegenheiten neigten sich dem Ende zu.

15

Missionsabfolge
Lordkanzler (1529–1532)

Im Oktober 1529 wurde Kardinal Wolsey wegen *Praemunire* (Treue zu einer ausländischen Macht, insbesondere zum Papst) angeklagt und seiner staatlichen Aufgaben und kirchlichen Ämter enthoben, mit Ausnahme des Amtes als Erzbischof von York. Heinrich VIII. beriet sich mit den Mitgliedern seines Rates über Wolseys Nachfolge, und es wurde beschlossen, dass der nächste Lordkanzler kein Geistlicher sein sollte, um die Entstehung eines weiteren Wolsey zu vermeiden. Ein Laie würde nicht über die kirchlichen Einkünfte verfügen, die es ihm ermöglichten, mit dem König in Pracht zu konkurrieren, wie es Wolsey getan hatte. Zudem würde er auch weniger den Adel verärgern, der der Ansicht war, dass nur hochwohlgeborene Lords die Macht ausüben sollten, die Wolsey besaß (Wolsey war ein Bürgerlicher und Sohn eines Metzgers aus Ipswich). Die Wahl eines Laien würde zudem eine unmissverständliche Botschaft an Rom senden, zu einer Zeit, in der die Frage der Annullierung offiziell noch nicht entschieden war. Thomas More kristallisierte sich als der bevorzugte Kandidat heraus, obwohl er die Ansicht des Königs über die Gültigkeit seiner Ehe nicht teilte. Vielleicht glaubte Heinrich, er könne den Widerstand Mores schließlich überwinden und ihn durch seine Persönlichkeit und Überzeugungskraft zu Gehorsam zwingen. Vielleicht hoffte er auch, dass More sich eines Tages der theologischen Meinung der Kirchenmänner anschließen würde, die Heinrichs Position unterstützten, oder er ging davon aus, dass More aus Pflichtgefühl und Loyalität gegenüber dem König schließlich nachgeben würde. Auf jeden Fall erhielt More am 25. Oktober 1529 das Große Siegel Englands und übernahm die Aufgaben des ranghöchsten Ministers Englands.

Historiker und Biografen haben über die Gründe spekuliert, weshalb More das Amt des Lordkanzlers angenommen hat, obwohl er gewusst haben musste, dass Heinrich, der als *Rex et Imperator* regieren wollte, entschlossen war, sich in der Frage der Annullierung durchzusetzen. More hatte zuvor erklärt, dass sein Kopf rollen würde, könnte der König dafür eine Burg in Frankreich erhalten. Glaubte er etwa nicht, dass sein Kopf rollen könnte, wenn sein Tod Heinrichs Pläne für eine Annullierung voranbrachte? More war sich auch bewusst, dass das Parlament einberufen wurde und Heinrich bereit war, es zu schikanieren und einzuschüchtern, damit es die von ihm vorgeschlagenen Gesetze verabschiedete. War More nicht klar, dass ihm eines Tages dasselbe widerfahren würde?

More kannte Heinrich so gut wie kaum ein anderer in England – außer vielleicht Königin Katharina – und ihm musste bewusst gewesen sein, dass das Amt des Lordkanzlers ihn eines Tages das Leben kosten könnte. Doch er hatte bereits während seiner beruflichen Laufbahn und als königlicher Diener gezeigt, dass ihn höhere Motive als Eigeninteresse oder Selbsterhaltung leiteten. Zudem hatte er sich unter seinen Kollegen und in London den Ruf eines Mannes von außerordentlicher Integrität erworben, der sich mehr um den Dienst am Reich und die Förderung des Gemeinwohls bemühte als um Reichtum oder Macht. Seine Beweggründe fasste er in einem Brief an Erasmus im Oktober 1529 zusammen, in dem er ihm anvertraute, dass er die Ernennung „im Interesse der Christenheit" angenommen habe. Echter Altruismus war also die treibende Kraft hinter Mores Entscheidung, sicherlich ging damit aber auch das Bewusstsein einher, dass das Amt des Lordkanzlers der Höhepunkt eines Weges war, den er seit seiner Geburt gegangen war (*Lebensweg*), und seine Ausbildung und seine Lebenserfahrungen zu dieser Entscheidung geführt hatten. Er war gewiss von der moralischen Verpflichtung angetrieben, der Bitte des Königs als nächsten Schritt eines von Gott vorherbestimmten Plans zuzustimmen, der eine Mission beinhaltete, die nur er erfüllen konnte.

More diente dem König nicht wie viele seiner Standesgenossen zu seinem eigenen Vorteil, sondern akzeptierte das, was ihm als Vorsehung zuteilwurde, und erkannte Gottes Willen in derselben Weise, wie er seine Berufung zur Ehe und Familie erkannte. Wir können daher drei Faktoren identifizieren, die More dazu veranlassten, das Amt des Lordkanzlers anzunehmen:

1. Engagement für den Dienst am Königreich England und an der Kirche (Altruismus);

2. Höhepunkt eines Lebensweges, den er seit seiner Geburt gegangen war (Vorherbestimmung);

3. Gehorsam gegenüber Gottes Willen und die Erfüllung seiner persönlichen Mission (Pflicht).

~

Historiker haben einen bedeutenden Unterschied zwischen der von Luther 1517 begonnenen protestantischen Reformation und der von Heinrich VIII. in den 1530er Jahren initiierten englischen Reformation festgestellt. Die protestantische Reformation wird in erster Linie als *religiöse Reformation* beschrieben (ausgehend von einer Lehrstreitigkeit über die Theologie der Kirche in Bezug auf Ablässe), die *politische Auswirkungen* hatte (etwa den Deutschen Bauernkrieg 1524). Umgekehrt wurde die englische Reformation in erster Linie als *politische Reformation* beschrieben (die 1531 mit der Schaffung des Titels Heinrichs als Oberhaupt der Kirche von England begann und später vom Parlament im Suprematsgesetz von 1534 bestätigt wurde), die *religiöse Auswirkungen* hatte (die Gründung der anglikanischen Kirche).

Das Parlament, das am 3. November 1529, nur wenige Tage nach Mores Ernennung zum Lordkanzler, in der Blackfriars Church zusammenkam, ging als Reformationsparlament (1529–1536) in die Geschichte ein und gilt als geeigneter Ausgangspunkt für die darauffolgende politische Revolution. Es war üblich, dass der Lordkanzler vor dem vereinigten Ober- und Unterhaus eine Eröffnungsrede hielt, und Sir Thomas More verkündete in Beisein des Königs, dass das Parlament einberufen worden sei, um „Missbräuche" kirchlicher Privilegien zu reformieren. Als Heinrichs ranghöchster Minister war More praktisch dazu verpflichtet, seinen Vorgänger zu verurteilen, was er in vagen Worten tat, indem er Wolsey für seine listigen und betrügerischen Beziehungen zum König kritisierte, ohne jedoch konkret auf die Missbräuche einzugehen, die ihm von seinen Feinden so großzügig zugeschrieben wurden. Nachdem die weitgehend rhetorische Verurteilung ausgesprochen worden war, bestand Mores letzte Aufgabe in der Eröffnungsrede darin, das Parlament zu bitten, einen Sprecher zu wählen, und Thomas Audley – der More als Kanzler des Herzogtums Lancaster abgelöst hatte und ihm eines Tages als Lordkanzler von England nachfolgen würde – wurde gewählt.

Daraufhin kam es im Unterhaus zu einer Debatte, in der die üblichen Vorwürfe gegen den Klerus wiederholt wurden. Das Ergebnis war die Verabschiedung eines Gesetzes, wonach

Geistliche[28] vor weltlichen statt vor Kirchengerichten zu verurteilen waren, wo sie mit größerer Nachsicht behandelt wurden. Diese Maßnahme war das erste einer Reihe von Gesetzen, mit denen Heinrich Druck auf Clemens VII. ausübte, die Ehe des Königs für ungültig zu erklären. Die Kampagne gegen den Missbrauch durch den Klerus wurde in einem Gesetzentwurf namens „Supplication of the Commons" fortgesetzt, in dem der Klerus vom Unterhaus wegen seiner „unersättlichen" Gier gerügt wurde. Die Bischöfe reagierten in der üblichen Weise, indem sie die Andersgläubigen mit Lutheranern und Hussiten verglichen und argumentierten, dass, wer sich der kirchlichen Autorität nicht mehr unterwerfe, sich bald auch der zivilen Autorität entziehen würde. Bischof John Fisher von Rochester sprach sich für die Rechte der Kirche aus und wurde später vom König vorgeladen, um seine Äußerungen zu verteidigen.

---

[28] Der Klerus bestand zu dieser Zeit aus den Mitgliedern der vier niederen Weihen (Ostiarier, Lektor, Exorzist und Akolyth) und den drei höheren oder „heiligen" Weihen (Subdiakon, Diakon und Priester).

Ein Held wird erwählt

16

Wendepunkt
Kapitulation des Klerus und Rücktritt
Thomas Mores Heldenereignis

Die politische Revolution, die ab 1529 in England einsetzte, beunruhigte More, dessen Anliegen es stets gewesen war, Häresie zu bekämpfen und die traditionelle Kirche zu bewahren. Er sah in Heinrichs Angriff auf den Klerus eine Bedrohung für die alte Ordnung der Christenheit, die weit über das hinausging, was Humanisten seiner Art befürworteten. More lehnte Luther und die anderen Reformatoren unter anderem deshalb ab, weil sie eher Spaltung als Einheit förderten und den Zusammenbruch der traditionellen Autorität begünstigten, die seit Langem ein Garant für die europäische Zivilisation war. Christliche Humanisten wie More strebten zwar die Reform von Missständen und die Korrektur von Irrtümern durch „fundiertes Lernen" an, aber sie gingen nicht so weit, Rebellion zu befürworten. Für Männer wie More hatte die Reform ihre Grenzen, und er war nicht bereit, jahrhundertealte Traditionen aufzugeben.

~

Nachdem Kardinal Wolsey seiner Ämter und Pfründen (mit Ausnahme des Erzbistums York) enthoben worden war, verlegte er im April 1530 seinen Wohnsitz nach Yorkshire, um dort als Bischof die Erzdiözese zu leiten. Es war das erste Mal in seiner langen Laufbahn, dass er in York war, aber er sollte nicht lange dort bleiben. Trotz seiner zahlreichen Feinde, die ihn gern schon früher beseitigt hätten, genoss er weiterhin den Schutz des Königs. Das war jedoch nur eine Frage der Zeit, und am 4. November wurde Wolsey wegen Hochverrats angeklagt und aufgefordert, sich im Tower of London zu melden. Er sollte diese Reise jedoch nicht antreten und starb am 29. November, vermutlich zur Zufriedenheit des Königs in Leicester, was ihn zweifellos vor dem Schafott bewahrte. Er soll vor seinem Tod gesagt haben: „Hätte ich Gott so fleißig gedient wie dem König, hätte er mich nicht im hohen Alter aufgegeben." Vielleicht hatte Gott andere Pläne, als ihn „im hohen Alter" aufzugeben. Tatsächlich hatte Wolsey in den Monaten vor seinem Tod ein gläubigeres spirituelles Leben geführt, wahrscheinlich in der Erkenntnis, dass seine Feinde letztlich ihren Willen durchsetzen würden. Auf jeden Fall waren sein Sturz und sein Tod ein weiteres Zeichen dafür, dass in England der Wind der Veränderung wehte und eine neue Ära begann.

Ein weiteres Zeichen für den Wandel der Zeit war der Tod von Sir John More, der nur wenige Tage nach Kardinal Wolsey verstarb. Nach dem Tod seines Vaters gestand Thomas More, dass er sich alt fühlte und begann, unter Schmerzen in der Brust zu leiden (wahrscheinlich Angina pectoris). Seine Erschöpfung sollte noch fünf Jahre andauern, bis er beiden in die Ewigkeit folgte, doch im Gegensatz zu Wolsey würde er dem Schafott nicht entkommen.

~

Die antiklerikale Bewegung, die nach Wolseys Sturz im Oktober 1529 einsetzte, gewann im Parlament, das im November 1529 zusammentrat, an Dynamik und diese erneuerte sich, als das Parlament im Januar 1531 erneut einberufen wurde. Heinrich hatte während der Parlamentspause Thomas Cromwell in seine Dienste aufgenommen, und Cromwell sollte fortan zum Architekten der Politik des Königs werden. Unter seiner Führung war der König nun bereit, eine entschlossenere Rolle bei der Verabschiedung von Gesetzen zu übernehmen. Heinrich bestand zunächst darauf, dass der Klerus für seine Gier und seine finanziellen Missbräuche büßen sollte, indem er die Kosten auferlegt bekam, die dem König bei dem Versuch entstanden waren, eine Annullierung durch Rom zu erwirken. Anschließend klagte er sie wegen *Praemunire* an, weil sie Fälle vor kirchlichen Gerichten statt vor Gerichten des Common Law verhandelt hatten, und forderte, dass die Versammlung des Klerus ihn als „alleinigen Beschützer und obersten Hauptmann der englischen Kirche und des Klerus" anerkennt. Die Bischöfe lehnten den Titel des Caesaropapisten ab, und Bischof Fisher fragte, was passieren würde, wenn „eine Frau den Thron besteigen würde". Doch der

König setzte sich im Februar 1531 durch, als die Versammlung einem Dekret zustimmte, das Heinrich (mit einer wichtigen Einschränkung, die es weniger beunruhigend, aber nicht weniger prekär machte), als „ihren einzigen Beschützer, einzigen und obersten Herrn und, soweit das Gesetz Christi dies zulässt, sogar als Oberhaupt" anerkannte.

Das Parlament wurde vertagt, trat jedoch im April 1532 erneut zusammen. Es wurde ein Gesetz verabschiedet, das die Zahlung von Annuitäten an Rom einschränkte, und das Unterhaus veröffentlichte eine Bittschrift gegen die Bischöfe, in der es den König aufforderte, eine Liste von Vergehen des Klerus zu ahnden. Heinrich versprach, unparteiisch zu sein, und als die Bischöfe antworteten, dass kirchliche Gerichte unter der Autorität Gottes und nicht des Königs stünden, erklärte Heinrich vor dem Unterhaus: „Wir glauben, dass Euch ihre Antwort wenig gefallen wird, denn sie erscheint Uns sehr dürftig." Und er behauptete:

> Wir dachten, dass die Geistlichen unseres Reiches vollständig Unsere Untertanen seien. Doch nun erkennen wir alle, dass sie nur Unsere halbe Untertanen sind – ja, kaum Unsere Untertanen. Denn sämtliche Prälaten leisten bei ihrer Weihe einen Eid gegenüber dem Papst, der dem Eid, den sie Uns leisten, völlig widerspricht, sodass sie seine Untertanen zu sein scheinen und nicht Unsere.

Bislang war es Heinrich nicht gelungen, sich in der Frage der Annullierung gegen Clemens durchzusetzen, da der Papst in seinem Palast in Rom weit entfernt war und von Heinrichs königlicher Autorität weitgehend unbeeindruckt blieb. Über den

Klerus in seinem Reich konnte der englische König seine Macht wirksamer ausüben, und unter Cromwells Führung nutzte er diesen Vorteil. Sein Vorhaben, den Widerstand des Klerus zu brechen und seine Unabhängigkeit auszuhebeln, führte zu einem weiteren Angriff auf das kanonische Recht. Wenn es dem König gelänge, Herr über das Kirchenrecht in England zu werden, würde er auch Herr über die Kirche in England. Im Mai 1532 forderte Heinrich vom Parlament, ihm das Recht zu gewähren, einen Ausschuss aus Laien und Geistlichen zu bilden, der die Aufgabe hatte, einzelne Kanones zu prüfen, und die Befugnis, jene zu verwerfen, die nicht mit dem englischen Common Law oder den Vorrechten des Königs vereinbar waren. Heinrich verlangte zudem, dass jede Änderung des kanonischen Rechts der königlichen Zustimmung bedürfe. Diese Gesetzgebung zielte darauf ab, (a) dem König volle Souveränität über kirchliche Angelegenheiten zu verschaffen, (b) dem englischen Common Law Vorrang gegenüber dem kanonischen Recht einzuräumen und (c) die Gerichte des Common Law den Kirchengerichten überzuordnen– was insgesamt einer Ablehnung der päpstlichen Gerichtsbarkeit gleichkam. Ohne die freiwillige Zustimmung des Parlaments und der Versammlung der Geistlichen konnte Heinrich dies jedoch nicht rechtmäßig durchsetzen. Während die Versammlung über die Forderungen des Königs beriet, erhöhte Heinrich den Druck, indem er Berater entsandte, um die Mitglieder mit der Androhung noch drastischerer Maßnahmen einzuschüchtern. Der Schachzug war erfolgreich, und am 15. Mai kapitulierte die Geistlichkeit. Heinrichs Sieg war endgültig.

Die Unterwerfung des Klerus 1532 hatte weitreichende und dauerhafte Konsequenzen, darunter auch die, dass Thomas Mores Position unhaltbar wurde. Es war offensichtlich, dass Heinrich seine Autorität nutzen wollte, um die Ehe mit Katharina für ungültig erklären zu lassen und damit eine eigene Annullierung zu erwirken. More konnte nicht länger den Mittelweg zwischen Gehorsam gegenüber dem Papst und Dienst am König gehen, und sein Gewissen erlaubte es ihm nicht, seine Haltung zur Gültigkeit der königlichen Ehe zu ändern. Da es keine tragfähige Alternative gab, begab sich Thomas More am Donnerstag, dem 16. Mai 1532, zur königlichen Residenz am York Place – einem Palast, der einst Kardinal Wolsey gehörte, aber nach dessen Sturz vom König beschlagnahmt wurde – und wurde in den Garten begleitet, wo Heinrich zusammen mit Thomas Howard, Duke of Norfolk und Lord Chancellor, wartete. More tauschte die üblichen Höflichkeiten mit den beiden Männern aus, bevor er Heinrich einen Beutel mit dem Großen Siegel Englands überreichte und damit als Lordkanzler zurücktrat.

~

Thomas More diente Heinrich VIII. zwölf Jahre lang, bevor er Lordkanzler wurde, ein Amt, das er drei Jahre lang bekleidete. Anschließend verbrachte er drei Jahre im Ruhestand, bis er 1535 den Märtyrertod starb. Für diejenigen, die sich für biblische Numerologie interessieren, sind die Zahlen Zwölf und Drei von großer Bedeutung. Bemerkenswert war auch, dass er um drei Uhr nachmittags zurücktrat, der Stunde, in der Christus am Kreuz starb.

Für diejenigen, die beten, gibt es keine Zufälle.

~

Ende Mai 1532 sandte Heinrich eine Gruppe königlicher Berater zu Königin Katharina in den Greenwich Palace, um sie davon abzubringen, beim Papst Berufung einzulegen, doch sie lehnte ab. Heinrich erklärte die Ehe am 11. Juli für ungültig und ernannte Anne Boleyn am 1. September zur Marchioness of Pembroke. Später im Herbst teilte sie ihm mit, dass sie schwanger war.

Am 26. Januar 1533 wurde Thomas Audley, der seit Thomas Mores Rücktritt das Amt des Keeper of the Great Seal of England innehatte, zum Lordkanzler ernannt. Das Parlament trat im Januar 1533 erneut zusammen, im selben Monat, in dem Heinrich und Anne am York Place heimlich heirateten. Thomas Cromwell arbeitete am York Place intensiv mit dem Parlament zusammen, um das Gesetz zur Beschränkung von Berufungen nach Rom zu verabschieden, was nach langen Debatten schließlich am 7. April 1533 gelang. Dieser Gesetzesentwurf sollte ursprünglich den Papst daran hindern, sich in die königliche Scheidung einzumischen, doch der endgültige Entwurf wurde erweitert, um die päpstliche Autorität innerhalb des Königreichs zu widerrufen. Es wurde verfügt, dass sämtliche Untertanen des Königs ausschließlich der königlichen Gerichtsbarkeit unterstanden.

Nach diesem legislativen Sieg veranlassten Heinrich und Cromwell umgehend ein Verfahren zur Feststellung der Gültigkeit der königlichen Ehe, dessen erste Sitzung am 10. Mai in Dunstable Priory stattfinden sollte. Der Ausgang stand nie infrage, da Heinrichs Berater als Richter fungierten. Thomas Cranmer, der neu ernannte Erzbischof von Canterbury, leitete das Verfahren und lud Heinrich und Katharina vor Gericht. Die Königin weigerte sich jedoch, zu erscheinen. Die „große Angelegenheit des Königs" wurde schließlich am 23. Mai beigelegt (zumindest was Heinrich betraf), als Cranmer die Ehe offiziell für unvereinbar mit dem Gesetz Gottes und damit für nichtig erklärte und binnen einer Woche die Gültigkeit der Ehe Heinrichs mit Anne Boleyn bestätigte. Heinrich hatte zuvor angeordnet, dass am Tag nach der Bekanntgabe große Feierlichkeiten beginnen sollten, damit London seine neue Königin willkommen heißen konnte. Vier Tage lang wurden Feste gefeiert, als Anne von Greenwich aus die Themse hinauf zum Tower of London segelte. Am 1. Juni 1533 wurde sie in der Westminster Abbey zur Königin von England gekrönt.

Thomas More wurde von befreundeten Bischöfen zur Krönung eingeladen, darunter seinem einstigen diplomatischen Kollegen, Bischof Cuthbert Tunstall (der 1522 ein Buch über Mathematik veröffentlichte, das er More widmete), doch er lehnte die Einladung ab. Mores Abwesenheit blieb nicht unbemerkt, und Heinrich könnte dies als Akt des Ungehorsams aufgefasst haben. Als More im Mai 1532 sein Amt als Lordkanzler niederlegte, stand er weiterhin in der Gunst des Königs, doch seine Freundschaft mit Heinrich hing (wie alle Freundschaften des Königs) davon ab, dass er dem König gab, was dieser wollte. Wolsey war der erste in einer Reihe von königlichen Ministern, die von Heinrich trotz ihrer treuen Dienste entlassen wurden – in Wolseys Fall, weil er nicht in der Lage gewesen war, eine Nichtigkeitserklärung aus Rom zu erwirken –, und nur sein unerwarteter Tod auf der Reise nach London bewahrte ihn vor dem Gang zum Schafott. More folgte Wolsey darin, das Missfallen des Königs auf sich zu ziehen, indem er sich weigerte, der Nichtigkeit seiner Ehe mit Katharina zuzustimmen und Heinrichs Recht anzuerkennen, diese selbst zu erklären. Dieser Widerstand, den er als Verrat ansah, wurde Heinrich schließlich unerträglich. Annes Krönung markierte einen Wendepunkt, von dem an Heinrichs Haltung gegenüber More zunehmend feindselig wurde.

Am 11. Juli 1533 verurteilte Papst Clemens VII. die königliche Scheidung, drohte Heinrich mit Exkommunikation und befahl ihm, sich mit Katharina zu vereinen. Heinrich reagierte darauf mit einem Appell an ein allgemeines Konzil. Am 7. September gebar Anne ein Kind, von dem er hoffte, dass es ein männlicher Thronfolger sein würde, und tatsächlich sollte das Kind eines Tages England regieren, doch es sollte kein Sohn sein. Elisabeth I., die letzte Monarchin aus dem Hause Tudor, folgte ihrem Halbbruder Eduard VI. (reg. 1547–1553) und ihrer Halbschwester Maria I. (reg. 1553–1558) auf den Thron und regierte von 1558 bis 1603 als Königin von England. Es ist eine der großen Ironien der Geschichte, dass Heinrich VIII., dem einst vom Papst der Titel „Verteidiger des Glaubens" verliehen worden war, England von Rom trennte und die Strafe der Exkommunikation auf sich nahm (und damit sein Seelenheil riskierte), um einen männlichen Erben zu zeugen, damit sein Königreich nicht in einen Bürgerkrieg versinken oder durch Heirat unter die Herrschaft eines ausländischen Herrschers geraten würde. Elisabeth heiratete nie einen ausländischen Prinzen, schützte England vor ausländischen Invasionen und wird von Historikerinnen und Historikern als Herrscherin einer der stabilsten und glorreichsten Perioden der englischen Geschichte angesehen.

~

Hierin liegt eine Lehre in Bezug auf den Dienst an Gott, die Nachfolge Christi und das Heldentum: Manchmal ist es besser, „Gott Gott sein zu lassen" und ihm die „unmöglichen" Details und zukünftigen Unwägbarkeiten zu überlassen, als zu sehr zu versuchen, den Lauf der menschlichen Ereignisse zu lenken. Manchmal ist es besser, auf die Vorsehung zu vertrauen und auf einen Deus-ex-machina-Moment zu warten, als sich zu sehr auf eigene Pläne oder die unserer Mitmenschen zu verlassen. Zudem ist es im moralischen Leben niemals zulässig, eine böse Tat zu begehen, um ein gewünschtes Gut zu erlangen, wie wertvoll dieses Gut auch erscheinen mag. Und es ist niemals klug, Nachdruck auf eine Tür auszuüben, die nur durch Sünde und Rebellion geöffnet werden kann. Gehorsam ist der bessere Teil der Tapferkeit, und es ist ratsam, Gott jene Teile unserer Lebensgeschichte (oder Heldengeschichte) schreiben zu lassen, die außerhalb unserer

Kontrolle liegen. Heinrich VIII. hätte ein großer Heiliger, sogar ein Heldenheiliger werden können, doch stattdessen wurde er ein Tyrann.

~

Im Februar 1534 konnte Heinrich Mores stillschweigende Unnachgiebigkeit nicht länger tolerieren und bat, wahrscheinlich auf Drängen von Anne, die sich durch Mores Abwesenheit bei ihrer Krönung zurückgewiesen fühlte, das Oberhaus um eine Anklage. Der König bestand darauf, dass die Namen von More und Fisher in einen Anklageantrag gegen Elizabeth Barton, die „Heilige Jungfrau von Kent", aufgenommen wurden, die wegen der Scheidung von Katharina gegen Heinrich prophezeit hatte. Barton wurde des Hochverrats angeklagt und später hingerichtet, und sowohl More als auch Fisher hatten zuvor mit der Nonne verkehrt. Das Parlament lehnte es jedoch dreimal ab, den Antrag zu verabschieden, und Mores Name wurde zurückgezogen. Der König war jedoch entschlossen.

Im März 1534 verabschiedete das Parlament das Thronfolgegesetz, das alle englischen Untertanen dazu verpflichtete, Heinrichs Ehe mit Anne als gültig und ihre Nachfahren als rechtmäßige Thronfolger anzuerkennen. Dies bedeutete die Aberkennung der Rechte von Katharinas Tochter Maria Tudor (die trotz Heinrichs Bemühungen eines Tages als Königin Maria I. regieren sollte). Der König stufte Katharina auf den Titel einer Dowager Princess of Wales herab und verbannte sie aus seinem Hofstaat, indem er sie zunächst nach Buckden und später nach Kimbolton schickte, was einer Art internem Exil gleichkam. Sie blieb jedoch in England beliebt, und viele Untertanen Heinrichs betrachteten sie weiterhin als Königin. Die Revolution, die Heinrich und seine Minister erzwangen, wurde nicht von allen akzeptiert – insbesondere nicht von den religiösen Orden und denjenigen, die dem Papst treu geblieben waren – und viele der Gesetze, die vom Parlament verabschiedet wurden, wurden nur mit knapper Mehrheit angenommen.

17

Wüstenerfahrung
Inhaftierung

Nachdem das Parlament das Thronfolgegesetz verabschiedet hatte, begannen Heinrichs Minister, hochrangige Geistliche nach Lambeth Palace zu laden, um dort den Thronfolgeeid zu leisten. Am 12. April 1534 befand sich Thomas More mit seinem Schwiegersohn William Roper in der St. Paul's Cathedral in London, als er eine offizielle Vorladung für den nächsten Morgen erhielt. Er kehrte nach Chelsea zurück, um sich von seiner Familie zu verabschieden und ihnen mitzuteilen, dass er wahrscheinlich inhaftiert werden würde. Am nächsten Morgen besuchte er die Messe in seiner Pfarrkirche, wo er die Kommunion empfing und die Beichte ablegte. Danach bestieg er ein kleines Boot und wurde in Begleitung von Roper auf dem Wasserweg nach Lambeth gebracht. Während sie die Themse hinuntergerudert wurden, flüsterte More Roper zu: „Ich danke dem Herrn, dass das Feld gewonnen ist."

Als More vor den königlichen Kommissaren in Lambeth erscheinen sollte, bat er darum, den Eid und das Thronfolgegesetz lesen zu dürfen. Nachdem er beides sorgfältig geprüft hatte, erklärte er, dass er Heinrich und Anne als König und Königin von England die Treue schwören und ihre Nachkommen als Thronfolger anerkennen würde, da das Parlament seiner Meinung nach die Befugnis hatte, dies gesetzlich zu verankern. Er weigerte sich jedoch, den Eid zu schwören, wie er geschrieben war, mit der Begründung, dass dies gegen sein Gewissen verstieß. More ging nicht näher darauf ein, aber es wird vermutet, dass er Einwände gegen eine Aussage in der Präambel des Gesetzes hatte, in der die Ehe von Heinrich und Katharina für ungültig erklärt wurde, sowie gegen Teile des Eides, die die Ablehnung der päpstlichen Autorität verlangten. Die Kommissare übergaben More in die Obhut des Abtes von Westminster, während sie sich mit Heinrich berieten. Der König war jedoch nicht zu einem Kompromiss bereit, und am 17. April wurde More im Tower of London inhaftiert.

Das Parlament trat im November 1534 erneut zusammen und verabschiedete das Gesetz über den Eid auf die Thronfolge, das alle Untertanen Heinrichs dazu verpflichtete, einen Eid auf die Einhaltung des Thronfolgegesetzes zu leisten. Das Parlament verabschiedete auch das Suprematsgesetz, das Heinrichs Titel als Oberhaupt der Kirche von England ohne die Einschränkung „soweit das Gesetz Christi dies zulässt" gesetzlich verankerte. Der Bruch mit Rom war nun vollständig vollzogen, und Heinrich hatte den Papst als Stellvertreter Christi in seinem Reich abgelöst. Um die Nichtbefolgung mit dem Tode zu bestrafen, überzeugten Heinrich und Cranmer das Parlament, das Verratsgesetz zu verabschieden, das die Verweigerung des Thronfolgeeids oder die Ablehnung des Supremataktes als aufrührerisch einstufte.

„Diese Welt der Reformation" – ein Ausdruck, der von Thomas Cranmer geprägt wurde – entfernte sich unaufhaltsam von der Welt, die Thomas More zu bewahren versuchte. Er blieb mit Bischof John Fisher, der sich ebenfalls weigerte, den Eid zu leisten, im Tower inhaftiert, und sie warteten in getrennten Zellen auf das Schicksal, das sie teilen würden. Mores Unterbringung war zunächst nicht streng. Er durfte einen Diener sowie Schreibmaterialien haben und Besuche seiner Tochter Margaret und schließlich auch seiner Frau Alice empfangen. Während seiner Haft verfasste er zahlreiche Werke, darunter *Trostgespräch im Leid* und *A Treatise on the Passion* (Eine Abhandlung der Leidensgeschichte), das er nicht beendete, sowie bewegende Briefe an Margaret. Heinrich und seine Berater gewährten ihm diese Privilegien in der Hoffnung, More würde den Bitten seiner Familie und Freunde nachgeben und die wenigen Worte sprechen, die über Leben und Tod entschieden. Doch dieser Tag kam nie. Trotz der langen Gespräche zwischen More und seinen Familienmitgliedern gelang es ihm nicht, sie von der Richtigkeit seiner Grundsätze zu überzeugen, und sie verstanden nicht, weshalb er bereit war, sein Leben zu opfern, während die meisten Prälaten Englands dem König nachgegeben hatten. Als er von Cromwell zu seiner Haltung gegenüber dem Suprematsgesetz befragt wurde, verzichtete More auf eine Stellungnahme und erklärte, er wolle sich nicht in das Gewissen anderer Menschen einmischen, da dies sie in ein moralisches Dilemma bringen und ihre Erlösung gefährden könnte.

Am 4. Mai 1535 wurden die Kartäuser John Houghton, Prior der Kartause in London, Robert Lawrence, Prior von Beauvale, und Augustine Webster, Prior von Axholme, zusammen mit dem Mönch Richard Reynolds aus Syon Abbey und John Haile, einem weltlichen Priester, aus ihren Gefängniszellen im Tower of London geführt, an Hürden gebunden und nach Tyburn geschleppt, um dort gehängt, geviertelt und ausgeweidet zu werden, weil sie sich geweigert hatten, dem Suprematsgesetz zuzustimmen. More beobachtete das Geschehen vom Fenster seiner Zelle aus und lauschte, bis die Männer außer Sichtweite waren. Margaret war bei ihm, weinte und flehte ihn an, seine Entscheidung zu überdenken. Doch entgegen der Hoffnung des Königs stärkte dieses Erlebnis Mores Entschlossenheit.

Clemens VII. verstarb am 25. September 1534, auf ihn folgte Paul III. (reg. 1534–1549) als Papst. Heinrich und seine Berater fragten sich, ob der Wechsel in der päpstlichen Führung zu einer Versöhnung mit Rom führen könnte, waren jedoch verwirrt, als Paul III. Bischof John Fisher am 20. Mai 1535 zum Kardinal ernannte. Ein wütender Heinrich schwor, ihn „noch vor Ankunft des Hutes" enthaupten zu lassen, was bedeutete, dass eine Inhaftierung weder für Fisher noch für More eine langfristige Option war. Beide Männer waren zu internationalen Symbolen des Widerstands gegen den Willen des Königs geworden, und

Heinrich würde keine Ungehorsamkeit dulden. Die Zeit verging, und die menschliche Geschichte nahm ihren Lauf ...

Cromwell traf sich weiterhin mit More und fragte nach seiner Meinung zum Gesetz und zum Eid der Oberhoheit, doch More änderte seine Haltung nicht und gab keine direkte Antwort. Es schien keine Lösung für diese Pattsituation zu geben. More war unrechtmäßig inhaftiert worden, da es keine Beweise gab, um ihn eines Verbrechens zu überführen, doch sein und Fishers ziviler Ungehorsam (oder christliche Nichtbefolgung) waren ein öffentliches Beispiel für die Ablehnung der königlichen Politik. Die Pattsituation wurde schließlich gelöst (sozusagen), als Cromwell am 12. Juni 1535 den Generalstaatsanwalt Richard Rich beauftragte, Mores Bücher und Papiere zu beschlagnahmen, nachdem entdeckt worden war, dass More und Fisher miteinander kommunizierten. Die beiden Anwälte begannen ein informelles Gespräch über das Recht in Bezug auf seinen Fall, von dem More annahm, dass es sich um eine abstrakte Diskussion über Hypothesen handelte. Rich beabsichtigte jedoch, ihm eine Falle zu stellen, und berichtete Cromwell von einer Aussage, die More angeblich über die Unfähigkeit des Parlaments gemacht hatte, das Suprematsgesetz zu verabschieden. More bestritt später, den Titel des Königs als Oberhaupt infrage gestellt zu haben, aber die königlichen Berater waren entschlossen, diese Behauptung vor einem Gericht gegen ihn zu verwenden.

Fisher wurde am selben Tag, an dem Rich More besuchte, im Tower verhört. Beide Männer verfolgten eine Strategie des

Schweigens, doch Fisher war zuvor gebeten worden, seine ehrliche Meinung über die Oberhoheit des Königs zu äußern, und Heinrich hatte ihm versprochen, dass ihm kein Leid geschehen würde, wenn er wahrheitsgemäß antwortete. Auch dies war eine Falle, und nachdem er offen geantwortet hatte, wurde Fisher vor Gericht gestellt und am 17. Juni wegen Leugnung der Oberhoheit des Königs für schuldig befunden. Er hätte in Tyburn das gleiche Schicksal wie die Kartäuser erlitten, doch wegen seines schlechten Gesundheitszustands und seines nahenden Todes wurde seine Strafe vom König in Enthauptung umgewandelt.

Kardinal John Fisher gab somit am 22. Juni 1535 sein Leben für Gott und gemäß der damaligen Sitte wurde sein Kopf auf einen Pfahl gespießt und auf der London Bridge zur Schau gestellt. Der Kardinalshut sollte erst auf ihm ruhen, wenn er das Paradies erreicht hatte.

18

Katharsis
Prozess und Tower Hill
Thomas Mores Heldenmoment

More verfasste einen seiner letzten Briefe im Juni 1535, nur wenige Tage vor seinem Prozess, der am 1. Juli begann. Er war an Antonio Bonvisi gerichtet, einen italienischen Kaufmann und Humanisten, den er seit fast 40 Jahren kannte und der zu seinen engsten Freunden zählte. Trotz der Gefahr für seine Person und sein Eigentum hatte Bonvisi More und Fisher während ihrer Haft im Tower Vorräte geschickt. Der Brief war in Latein verfasst, und da More zu diesem Zeitpunkt weder Feder noch Tinte zur Verfügung hatte, schrieb er ihn mit einem Stück Kohle – ebenso wie seinen letzten Brief an Margaret (Meg) am 5. Juli, dem Tag vor seiner Hinrichtung.

~

Der Prozess gegen Sir Thomas More sollte einer der berühmtesten in der englischen Geschichte werden. 15 Richter und zwölf Geschworene versammelten sich am 1. Juli 1535 in der

Westminster Hall, um einen Mann zu verurteilen (denn es gab nie Zweifel am Ausgang), der wie Sokrates über tausend Jahre zuvor lieber sein Leben opferte, als seine Integrität aufzugeben.

Fishers Lebensweg war nun zu Ende, und More stand allein da. Ein Londoner unter Londonern, ein Freund unter Fremden, die er seit Jahren kannte, ein Engländer unter Engländern einer anderen Art, reformorientierten Männern einer ganz anderen Gattung. Allein stand er da, gegen einen König, dem er einst gedient hatte und der nun nach seinem Leben trachtete, angeklagt in einem Rechtssystem, das er unbestechlich aufrechterhalten hatte und auch jetzt noch verehrte. Das Gesetz, das er geschützt hatte, wurde nun gegen ihn verdreht, um den Willen eines Tyrannen zu besänftigen; eines Mannes, mit dem er einst befreundet gewesen war – auch wenn More sich der Grenzen und der Qualität dieser Freundschaft stets bewusst gewesen war.

Die noch lebenden Bischöfe hatten aufgegeben, um ihr Leben und ihre Freiheit, ihr Einkommen und ihren Status zu sichern. Seine Familie, die jahrelang seine fromme Gesellschaft und seine gelehrten Gespräche genossen hatte, konnte nun seine Entschlossenheit nicht nachvollziehen, hatten doch die meisten seiner Kollegen und Theologen, die einen höheren Rang als er innehatten, sich den Forderungen des Königs gebeugt. Selbst die liebevolle Zuneigung seiner Tochter Meg wurde von seinen Häschern gegen ihn eingesetzt, um ihn zu erweichen und dazu zu bringen, den familiären Gefühlen und der Schwäche des Fleisches nachzugeben. Doch er wollte seine Heiligkeit nicht aufgeben.

Sein Haar war nun länger, und ein Bart bedeckte sein einst frisches und lebhaftes Gesicht. Seine Augen waren trübe und müde geworden, sein Körper dürrer, er wirkte erschöpft und deutlich älter als der Mann, der vor 15 Monaten nach Lambeth Palace gekommen war. Lambeth Palace. Wo er als Page im Haushalt von Erzbischof Morton gedient hatte. Wo er die Etikette und die Umgangsformen der hohen Gesellschaft gelernt hatte. Wo er andere Knaben und junge Männer kennengelernt hatte, die später einmal so werden würden wie die Männer, die ihm jetzt gegenüberstanden.

Er stand allein da, umgeben von Anklägern und Richtern. Ein Mann, der bereits verurteilt worden war, weil er seinen Überzeugungen treu geblieben war. Ein Mann, der sich den Prinzipien verschrieben hatte – rechtlichen, moralischen und religiösen. Ein Mann, der seine Überzeugungen in Bezug auf Einheit und Universalität der Kirche sowie die Unantastbarkeit ihrer geistlichen Autorität und die Rechte und Grenzen von Königen und Parlamenten hinsichtlich der Gesetzgebung zur Unterbindung eben dieser, nicht verletzen würde. Und vor allem ein Mann, der nicht gegen sein Gewissen handeln würde.

Der Prozess begann und die Anklage wurde verlesen. Lordkanzler Audley bot More die Gnade des Königs an, wenn er seinen Eigensinn bereuen würde. More antwortete, indem er Gott um die Kraft bat, seine „ehrliche Gesinnung" zu bewahren, und die Richter an seine schlechte Gesundheit und Schwäche erinnerte. Man reichte ihm einen Stuhl, auf den er sich setzen konnte.

Jeanne d'Arc antwortete auf Geheiß ihrer Stimmen 104 Jahre zuvor bei ihrem Prozess kühn. Thomas More, ein geschickter juristischer Taktiker, antwortete bei seinem gekonnt. Die Anklagepunkte gegen ihn waren in vier Artikeln zusammengefasst:

1. Mores Weigerung, die königliche Oberhoheit über die englische Kirche anzuerkennen, seine Ablehnung der Befugnis des Parlaments, diese per Gesetz zu gewähren, und sein Verrat, indem er die Autorität des Papstes als Oberhaupt der Kirche in England aufrechterhielt.

2. Mores Korrespondenz mit Fisher, einem bekannten Verräter, im Gefängnis, in der er Fisher in seinem verräterischen Verhalten anleitete und ermutigte.

3. Mores Weigerung, die Nichtigkeit der Ehe des Königs mit Katharina anzuerkennen, was eine Weigerung bedeutete, die Gültigkeit der Ehe mit Anne Boleyn anzuerkennen.

4. Mores Weigerung, eine klare und eindeutige Antwort zu geben, als er von den Vertretern des Königs nach seiner Meinung zur königlichen Oberhoheit gefragt wurde, was als böswillige Absicht gegenüber dem König interpretiert wurde.

Auf diese Anklagepunkte plädierte More auf „nicht schuldig" und argumentierte, dass:

1. das Parlament die Befugnis habe, Gesetze bezüglich der Thronfolge zu erlassen, und er bereit sei, Heinrich und Anne als rechtmäßigen König und Königin anzuerkennen und ihren Nachfolgern Treue zu schwören.

2. Was das Recht Heinrichs betraf, anstelle des Papstes über die Kirche von England zu herrschen, lehnte More es ab, seine Meinung zu äußern, da es sich um eine Gewissensfrage handle und er sein „Gewissen und seine Meinung gegenüber keiner Person auf dieser Welt offenbart habe, noch je die Absicht haben würde, dies zu tun".

3. Es war unmöglich zu beweisen, dass er Fisher in der Korrespondenz während der Haft zu verräterischen Handlungen ermutigt hatte, da es keine Beweise dafür gab. Fisher hatte die Briefe verbrannt, und More konnte nur den Inhalt offenlegen, an den er sich erinnerte, der jedoch keinerlei Hinweise auf verräterische Handlungen enthielt.

4. Er habe weder während seiner Amtszeit noch nach seinem Rücktritt je böswillig gegen die Ehe des Königs mit Anne Boleyn gehandelt, und als er von Heinrich in seiner Funktion als Minister dazu befragt wurde, habe er ehrlich und wahrheitsgemäß nach seinem Gewissen geantwortet, und dafür könne man ihm keinen Vorwurf machen, denn hätte er anders gehandelt, wäre er ein untreuer Berater gewesen. Auf die Frage, warum er zu bestimmten Themen geschwiegen habe, antwortete More, dass dies eine Gewissensfrage sei und:

   a. Die Offenlegung seines Gewissens könnte das Gewissen anderer beeinflussen, die dadurch in ein moralisches Dilemma geraten könnten, das sie dazu zwingen würde, dieselbe moralische Entscheidung zu treffen wie er – eine Entscheidung, die möglicherweise auch dasselbe Opfer von ihnen verlangen würde wie von ihm (zu dem sie möglicherweise nicht bereit wären, wodurch sie Schuld auf sich laden würden).

b. Gewissensfragen sind wichtiger „als alles andere auf der Welt", und er hatte das moralische und religiöse Recht, sein Gewissen nicht offenzulegen.

c. Er wurde vom König gelobt, als er als Lordkanzler zurücktrat, um sich um das Heil seiner Seele zu kümmern und sich auf den Tod vorzubereiten, eine Aufgabe, mit der er nun voll und ganz beschäftigt war und die es nicht erforderte, dass er sich in die Angelegenheiten des Staates einmischte.

5. Aus religiöser Sicht ist es moralisch gerechtfertigt, über Gewissensfragen und jene „inneren Dinge", die Gott betreffen, zu schweigen. Aus rechtlicher Sicht wird Schweigen in der Regel als Zeichen der Zustimmung interpretiert, und wenn dies in seinem Fall so interpretiert würde, wäre er unschuldig im Sinne der Anklage wegen böswilliger Absicht, und „für dieses Schweigen kann mich weder Euer Gesetz noch irgendein Gesetz auf der Welt gerecht und rechtmäßig bestrafen".

Die Anklagepunkte gegen More und seine Verteidigung enthielten keine neuen Elemente. Die Beweise gegen ihn waren stets schwach und der Fall unhaltbar, nur dass nun Richard Rich gegen ihn aussagte. Rich erklärte, More habe bestritten, dass Heinrich das Oberhaupt der Kirche von England und das

Parlament nicht befugt sei, Gesetze zu erlassen, die ihn dazu machten. Zwei weitere Männer hatten Rich an diesem Tag zu Mores Zelle begleitet – Sir Richard Southwell und John Palmer – , doch sie waren während der Unterhaltung damit beschäftigt gewesen, Mores Bücher und Schreibutensilien zu beschlagnahmen, und beide Männer sagten aus, dass sie Richs Aussage nicht bestätigen könnten. More bestritt, diese Worte gesagt zu haben, und beschuldigte Rich des Meineids. Er behauptete, er hätte einem Mann von Richs niedrigerem Rang niemals sein Gewissen offenbart, insbesondere nicht in Angelegenheiten, die er nicht einmal dem König oder den Mitgliedern des königlichen Rates offenbaren würde. Er behauptete jedoch, selbst wenn er die Oberhoheit des Königs geleugnet hätte, wäre damit keine Bosheit verbunden gewesen, da er ihm gegenüber keine Bosheit hegte, sondern nur Freundschaft, und „wo keine Bosheit ist, kann es auch keine Beleidigung geben".

Doch es bestand nie Zweifel am Urteil, und nach weniger als einer Stunde Beratung befand die Jury More für schuldig. Bevor er verurteilt wurde, fragte Audley, ob er letzte Worte habe. Auf diesen Moment war er vorbereitet.

Thomas More strebte nie danach, als Märtyrer zu sterben, und wahrscheinlich betrachtete er seinen Tod auch nicht als Martyrium. Er tat alles in seiner Macht Stehende, um der Hinrichtung zu entgehen, ohne sein Gewissen oder seine Überzeugungen zu opfern, und als er sah, dass es keine andere Wahl gab, als den Tod durch die Hand von Männern zu akzeptieren, die er als seine Freunde betrachtete, sprach er, um „mein Gewissen zu entlasten und meine Meinung offen und frei zu äußern, was meine Anklage und Euer Gesetz betrifft". Anschließend erklärte er, dass das „Gesetz des Parlaments", das als Grundlage für seine Verurteilung diente, „in direktem Widerspruch zu den Gesetzen Gottes und seiner heiligen Kirche" stehe und dass:

> [...] kein weltlicher Fürst sich aufgrund eines Gesetzes anmaßen darf, eine geistliche Vorrangstellung für sich zu beanspruchen, die rechtmäßig dem Stuhl Roms zusteht und die unser Heiland selbst, persönlich auf Erden anwesend, nur dem heiligen Petrus und seinen Nachfolgern, den Bischöfen desselben Stuhls, durch ein besonderes Vorrecht gewährt hat.

Audley antwortete, dass dies der Meinung der englischen Bischöfe und Theologen widerspreche, die sich auf die Seite des Königs gestellt hatten. More entgegnete, dass sie nur einen kleinen Teil der Bischöfe und Theologen der universellen Kirche repräsentierten, die meisten anderer Meinung seien, und dass man sich darauf verlassen könne, dass die überwiegende Mehrheit der „Heiligen im Himmel" seiner Position zustimmen würde, weshalb er nicht in der Minderheit sei. Daher erklärte er:

> Ich bin nicht verpflichtet, mein Gewissen einem einzigen Rat oder Parlament dieses Reichs unterzuordnen, wenn es gegen den allgemeinen Rat der Christenheit steht [...] Denn ich habe all die Konzilien, die in diesen tausend Jahren abgehalten

wurden. Und statt dieses einen Königreichs habe ich alle anderen christlichen Reiche.

Thomas Howard, Duke of Norfolk, sagte daraufhin: „Wir sehen deutlich, dass Ihr böswillig gesinnt seid!" Worauf More antwortete:

> Die Entlastung meines Gewissens zwingt mich, so viel zu sprechen. Dabei rufe ich Gott und appelliere an ihn, dessen einziger Blick bis in die Tiefen des menschlichen Herzens vordringt, mein Zeuge zu sein. Allerdings ist es nicht so sehr wegen dieser Oberhoheit, dass Ihr mein Blut sucht, sondern weil ich dieser Ehe nicht nachgeben wollte.

Audley schwieg einen Moment lang. Er wandte sich an Sir John Fitzjames, den Obersten Richter, und fragte, ob die Anklage ausreichend sei. Fitzjames antwortete mit einer Erklärung, die zwei doppelte Verneinungen enthielt und die Debatte beendete: „My Lords … wenn das Gesetz des Parlaments nicht unrechtmäßig ist, dann ist die Anklage nach meinem Gewissen nicht ungültig." Und mit dieser rätselhaften Erwiderung war das Schicksal von Thomas More besiegelt und das große Spiel an dieser Stelle beendet. Das Böse hatte eine weitere Schlacht gewonnen … nicht aber den Krieg.[29]

---

[29] Wie bereits erwähnt, flüsterte Thomas More zu William Roper, als sie auf der Themse nach Lambeth Palace gerudert wurden, bevor More inhaftiert wurde: „Ich danke dem Herrn, dass das Feld gewonnen ist."

More wurde erneut gefragt, ob er letzte Worte habe. Er verwies auf die Stelle in der Apostelgeschichte (8,1), in der Paulus seine Zustimmung zur Steinigung des Stephanus gab, und More erinnerte seine Richter daran, dass beide Männer nun Heilige und „Freunde für immer" im Himmel seien:

> Ich vertraue fest darauf und werde daher von ganzem Herzen beten, dass, obwohl Eure Lordschaften hier auf Erden Richter über meine Verurteilung waren, wir uns dennoch im Himmel alle wiedersehen werden, zu unserem ewigen Heil.

~

Er wurde zum Tod durch Erhängen, Ausweiden und Vierteilen in Tyburn verurteilt, so wie die Kartäuser, die ihm zum Galgen vorausgegangen waren. Er schämte sich nicht, zu den Verstorbenen gezählt zu werden, und hätte auch zu Lebzeiten gern ihren klösterlichen Weg geteilt, doch er hatte eine andere Berufung zu erfüllen. Wir dürfen uns fragen, ob die unergründlichen Verordnungen der Vorsehung anders gewesen wären und ob er dazu bestimmt gewesen wäre, sich den Reihen der seligen Kartäuser anzuschließen; ob ein Mann von Mores Qualität und Charakter zum Prior aufgestiegen wäre und vielleicht zu einem früheren Zeitpunkt in dieser „Welt der Reformation" in einem weißen Wollgewand mit Kapuze auf der vom Pferd gezogenen Hürde zum Galgen in Tyburn geschleppt worden wäre. Doch durch ein großes Geheimnis, das von den Sterblichen, die den irdischen Beschränkungen unterworfen sind, noch nicht erfasst wurde, wurde er berufen, mit ihnen verbunden zu sein, wenn nicht im Leben, dann im Tod, und für immer an ihrem ruhmreichen Ansehen teilzuhaben.

~

More wurde vom Constable des Towers, Sir William Kingston – einem großen, starken und stattlichen Ritter und guten Freund Mores – von Westminster zurück zum Tower Wharf begleitet. Als die kurze Fahrt zu Ende war und sie sich voneinander verabschiedeten, weinte Kingston. Als More dies sah, tröstete er ihn:

> Guter Master Kingston, sorget Euch nicht, sondern seid guten Mutes, denn ich werde für Euch und Eure gute Frau beten, dass wir uns im Himmel wiedersehen, wo wir für immer und ewig glücklich sein werden.

Als More aus dem Boot auf den Kai stieg, wurde er von Margaret und ihrem Ehemann William Roper empfangen. Roper schrieb später, dass Margaret zu ihm eilte und ohne Rücksicht auf ihre eigene Sicherheit oder die Menschenmenge „sich in die Mitte der Menge und der Wachen drängte, die ihn mit Hellebarden und Spießen umringten", und „ihn dort offen, vor den Augen aller, umarmte, ihn um den Hals fasste und ihn küsste". More tröstete sie: „Hab Geduld, Margaret, und mach dir keine Sorgen. Es ist Gottes Wille. Du kennst seit Langem die Geheimnisse meines Herzens." Nach einem Moment der Tränen und Traurigkeit zog sich Margaret zehn Schritte zurück, jedoch „ohne Rücksicht auf sich selbst oder die Menschenmenge, die ihn umgab, kehrte sie plötzlich um, lief wie zuvor zu ihm, umarmte ihn und küsste ihn mehrmals liebevoll".

More bat sie, für seine Seele zu beten.

~

Seine letzten Tage verbrachte er in derselben kalten, feuchten Gefängniszelle wie zuvor. Cromwell kam erneut, um einen letzten, vergeblichen Versuch zu unternehmen, aber More gab sein Gewissen nicht auf. Am 5. Juli, dem Tag vor seinem Tod, durfte seine Frau Alice ihn besuchen. More vertraute ihr seinen letzten Brief an Margaret an, den er mit einem Stück Kohle verfasst hatte. Darin schrieb er: „Ich habe deine Art mir gegenüber nie mehr geschätzt als bei deinem letzten Kuss, denn ich liebe es, wenn töchterliche Liebe und gut gemeinte Nächstenliebe keine Zeit haben, auf weltliche Höflichkeit zu achten."

~

Die Schrecken von Tyburn blieben ihm erspart, doch More erhielt weder Begnadigung noch Aufschub. In einem Moment der Menschlichkeit und seinem Rang entsprechend wandelte der König Mores Strafe in eine Enthauptung auf dem Tower Hill um.

~

Die Milk Street, der Ort seiner Geburt und Kindheit, lag nicht weit vom Ort seiner Hinrichtung entfernt, und der Kreis seines Lebens von der Geburt bis zum Tod schloss sich in weniger als einer Meile Entfernung. Die Ironie seines Lebens wollte es so. Thomas More wurde in eine Familie von Juristen hineingeboren, war dazu bestimmt, diesen Beruf auszuüben, und durch das Gesetz – oder dessen Ausnutzung – sollte er sterben. Er war viel ins Ausland gereist, hatte sich aber selbst unter anderen Humanisten nirgendwo außer in London zu Hause gefühlt. Als wahrer Bürger Londons, wie es kaum ein anderer war, war es nur passend, dass er dort starb. Der König, dem er gedient hatte, hatte ihn treulos verurteilt, und mit Thomas Becket würde More neben Vornamen und Geburtsort nun eine noch größere Ehre teilen.

Am 6. Juli 1535 – dem Vorabend des Festes der Überführung des Heiligen Thomas Becket – und kurz vor neun Uhr morgens wurde More zum Schafott begleitet, nur 200 Meter von seiner Zelle entfernt. Eine Menschenmenge hatte sich versammelt, um das Spektakel mitzuerleben, und der Lärm und die Aufregung, die Mores Sinne in diesen letzten Augenblicken überfluteten, müssen in scharfem Kontrast zu der Stille, Einsamkeit und Trostlosigkeit der endlosen Tage der Gefangenschaft gestanden haben, die er in den vergangenen 15 Monaten hatte erdulden müssen. Als er den Weg zum Tower Hill ging, muss sich ein widersprüchliches Gefühl des bevorstehenden Untergangs mit einem Hauch von Erleichterung und dem Wissen gemischt haben, dass sein Leben auf so ehrenvolle Weise endete.

Unter denen, die ihn zum Schafott begleiteten, befand sich Humphrey Monmouth, einer der Sheriffs von London. More hatte Monmouth einst wegen Ketzerei verhört und ihn im Tower einsperren lassen. Die Ironie, dass Monmouth bei Mores Hinrichtung anwesend war, wirkte beabsichtigt, ebenso wie der Affront, und Mores Lebenskreis schloss sich.

~

Der König verlangte durch einen Boten, Thomas Pope, einen Freund Mores, dass Mores letzte Worte kurz sein sollten. Der Verurteilte kam dieser Aufforderung gehorsam nach. Er bat die Umstehenden, für ihn zu beten, und sagte, er würde für sie beten. Er bat sie auch, für den König zu beten, dass er guten Rat erhalten möge, und sagte dann: „Ich sterbe als Diener des Königs, aber zuerst als Diener Gottes."

More kniete vor den Holzblock, der in der Mitte des Schafotts aufgestellt war, und sprach sein letztes hörbares Gebet, die erste Zeile aus Psalm 51: „Sei mir gnädig, Gott, nach deiner Gnade; tilge meine Vergehen nach der Größe deiner Barmherzigkeit!" Eduard Hall, der stellvertretende Undersheriff von London, schrieb später, dass More den Henker bat: „Gestattet mir, meinen Bart zu richten, damit er nicht abgeschnitten wird, wurde er doch nie des Verrats beschuldigt."

~

Die letzten Zeilen der Heldengeschichte Sir Thomas Mores wurden geschrieben, als sein Hals auf dem vernarbten, verfärbten Holzblock lag, ein Zeugnis seiner früheren Verwendung und einer der letzten Eindrücke Mores auf Erden. Er wurde des Verrats angeklagt, war in Wahrheit jedoch ein Mann, der Gott und der rechtmäßigen Autorität treu ergeben war und für seine religiöse Überzeugung, seine Gewissensfreiheit und seine persönliche Integrität den Märtyrertod starb. Seine Siegel im Leben waren stets immer sein Wort und sein Ruf der Unbestechlichkeit gewesen, und nun, im Tod, würde sein Siegel sein Blut sein. Heldengeschichten der Heiligen enden oft tragisch, doch gerade durch kleine und große Tragödien werden Heilige Helden geschaffen. Denn Gott nutzt Tragödien, um seine treuen Diener zu heiligen und zu reinigen und ihre Tugend zur Vollkommenheit zu führen, und arrogante und unflexible Männer wie jene in dieser Geschichte finden manchmal ihre Meister in Männern wie Thomas More, dessen Willen sie weder beugen noch brechen und dessen Heiligkeit sie nicht beschmutzen konnten.

Der Kopf von Sir Thomas More mochte zwar gerollt sein, doch eine Burg in Frankreich hatte König Heinrich dafür nicht erhalten.

19

Bis zum letzten Tudor (1536–1603)

Katharina von Aragón verstarb am 7. Januar 1536 auf Kimbolton Castle in den kalten, feuchten Mooren von East Anglia, doch ihr Tod konnte die weitverbreitete Unbeliebtheit des Königs nicht mindern. Heinrich und Anne feierten mit einem Messebesuch und einem anschließenden Abendessen mit dem Hofstaat, doch die Heiterkeit dieses Anlasses (sofern sie überhaupt echt war) sollte bald neuen Schwierigkeiten und Unglücken weichen. Am 24. Januar 1536 stürzte Heinrich bei einem Turnier in Greenwich vom Pferd und war zwei Stunden lang bewusstlos. Der 44-jährige König erlitt Verletzungen, die ihn für den Rest seines Lebens begleiten sollten, und es wird gemunkelt, dieser Unfall habe seine Persönlichkeit verändert. Drei Tage später, am Tag der Beisetzung Katharinas in Peterborough erlitt Anne eine Fehlgeburt. Der mitleidslose König ließ sie am 2. Mai wegen angeblichen Verrats und mehrerer erfundener Anklagen, darunter Inzest und Ehebruch, verhaften. Sie wurde im Tower inhaftiert und am 19. Mai zusammen mit ihrem Bruder, Lord Rochford, und einigen anderen Höflingen hingerichtet. Heinrich gewährte ihr die letzte

Gnade, einen erfahrenen Schwertkämpfer aus Calais zu engagieren, der sie mit einem einzigen Hieb tötete. (Bei Verwendung einer Axt waren mehrere Hiebe, manchmal vier oder fünf, erforderlich.)

Heinrichs Blick hatte sich bereits vor dem tödlichen Schlag von Anne abgewendet und war auf Jane Seymour gefallen, eine bescheidene, ausgeglichene junge Frau aus Wiltshire, die keinerlei Ambitionen auf den Titel der Königin hegte. Sie widerstand seinen Avancen, doch der König konnte eine Zurückweisung nicht akzeptieren, und so heirateten sie am 30. Mai 1536. Katherinas Tochter Maria Tudor war bereits im ersten Thronfolgeakt von 1534 für unehelich erklärt worden, aber Heinrich ließ 1536 einen zweiten Thronfolgeakt verabschieden, der sowohl Maria als auch Annes Tochter Elisabeth für unehelich erklärte und die Thronfolge auf Heinrichs Nachkommen mit Jane übertrug. Im selben Jahr wurde Heinrichs Stimmung weiter getrübt, als sein unehelich geborener Sohn Heinrich Fitzroy (1519–1536), Duke of Richmond und Somerset, der aus der Verbindung mit seiner Mätresse Elizabeth Blount hervorgegangen war, am 23. Juli plötzlich verstarb.

Von 1536–1541 löste Heinrich unter Cromwells Anleitung alle Klöster und religiösen Häuser in England auf und beschlagnahmte deren Ländereien und Reichtümer. Die Auflösung der Klöster füllte Heinrichs leere Staatskasse, und viele der Besitztümer wurden an Adelsfamilien und Höflinge verkauft oder verpachtet. Jane schenkte Heinrich schließlich den lang ersehnten männlichen Erben, als sie am 12. Oktober 1537 im Hampton Court Palace Eduard VI. zur Welt brachte, doch dieses Geschenk sollte sie mit dem Leben bezahlen. Sie starb zwölf Tage später an den Folgen der Niederkunft.

Am 18. Juni 1538 wurde ein fragiler Frieden zwischen Frankreich und dem Heiligen Römischen Reich geschlossen, als die Erzrivalen Franz I. und Karl V. den Vertrag von Nizza unterzeichneten. England wurde aus dem Abkommen ausgeschlossen, und Heinrich sah sich weiter isoliert, als Papst Paul III. ihn am 17. Dezember exkommunizierte. Cromwell riet Heinrich, eine ausländische Prinzessin zu heiraten und sich so ein europäisches Bündnis zu sichern. Zu den geeigneten Kandidatinnen gehörte Anne von Kleve (1515–1557), die Heinrich aufgrund eines aktuellen Porträts von ihr und Cromwells Beschreibung auswählte. Der König war jedoch zutiefst enttäuscht, als er bei ihrer Ankunft in England feststellte, dass sie weit weniger attraktiv war, als sie auf dem Gemälde erschien. Heinrich konnte es sich nicht leisten, ihre deutschen Verbündeten zu verärgern, also heiratete er sie, vollzog die Ehe jedoch nie, und Anne erhielt sechs Monate später eine großzügige Abfindung als Gegenleistung für die Scheidung. Heinrich war erneut unversöhnlich, und Cromwell wurde am 10. Juni 1540 wegen Hochverrats und Ketzerei verhaftet und am 28. Juli auf dem Tower Hill hingerichtet. Der König bereute diese Tat jedoch bald, da Cromwell ein begabter Minister und nicht so leicht zu ersetzen war.

Im Juli 1540 heiratete Heinrich Catherine Howard (1523–1542), doch die kurze Ehe endete auf dem Tower Hill, als die junge, unvorsichtige Frau (sie hatte eine Affäre) wegen Ehebruchs und Hochverrats verurteilt und am 13. Februar 1542 enthauptet wurde. Catherine Parr (1512–1548), die zuvor zweimal verheiratet gewesen war, folgte Howard im Juli 1543 als Heinrichs sechste und letzte Ehefrau nach. Ihr Alter und ihre Erfahrung in der Ehe mussten von Vorteil gewesen sein, denn sie verhielt sich umsichtig und freundlich. Catherine hatte guten Einfluss auf Heinrich und brachte Stabilität in das höfische Leben. Sie war freundlich zu seinen beiden Töchtern Maria und Elizabeth, kümmerte sich um ihr Wohlergehen und trug maßgeblich dazu bei, dass 1544 das dritte Thronfolgegesetz verabschiedet wurde, das ihnen ihren Platz in der Thronfolge zurückgab. Catherine wurde für ihre Güte belohnt, indem sie den König um mehr als ein Jahr überlebte.

~

Und so endete die achtunddreißigjährige Herrschaft von König Heinrich VIII. von England um etwa zwei Uhr morgens am 28. Januar 1547. Die Nachricht wurde drei Tage lang geheim gehalten, bis das Parlament am 31. Januar 1547 informiert wurde. Gemäß seinem Wunsch wurde Heinrich neben Jane Seymour, der Mutter seines Erben Eduard VI. (1537–1553), beigesetzt.

Da Eduard VI. (reg. 1547–1553) bei seiner Thronbesteigung ein Kind war, ernannte der Regentschaftsrat Eduard Seymour zum Lordprotektor des Königreichs und zum Gouverneur der königlichen Person. Seymour, der Onkel des Königs und ältere Bruder von Jane Seymour, wurde zu Beginn der Regierungszeit Eduards zum Duke of Somerset ernannt. Er wurde jedoch 1552 wegen Hochverrats hingerichtet, und sein königlicher Neffe starb kurz darauf eines natürlichen Todes, wodurch Maria Tudor den Thron besteigen konnte. Während der Regierungszeit Eduards bekannte sich die Regierung zum Protestantismus, doch Maria I. (reg. 1553–1558) war eine gläubige Katholikin, und sie und ihre Berater versuchten, den Katholizismus in England wieder einzuführen. Dies war jedoch nur mit viel Gewalt möglich, und obwohl sie fast 300 Personen hinrichten ließ,[30] gelang es ihr nicht, die Maßnahmen ihres Vaters und ihres Halbbruders rückgängig zu machen. Ihre Entscheidung, Philipp II., König von Spanien (1527–1598), zu heiraten, war in England äußerst unpopulär, und sie starb 1558 kinderlos.

Die nächste in der Thronfolge war Heinrichs dritte und letzte legitime Erbin, Elisabeth I. (reg. 1558–1603), die eine lange und erfolgreiche Regierungszeit begann, die als eine der glorreichsten und stabilsten in der englischen Geschichte gilt. Mit ihrem obersten Minister Sir William Cecil (1520–1598), der bereits Eduard VI. und Maria I. gedient hatte, gelang es ihr, das elisabethanische Religionsabkommen zwischen Katholiken und Protestanten auszuhandeln, das England vor den religiösen Konflikten bewahrte, die den Kontinent heimsuchten.

---

[30] Dadurch erlangte sie den Beinamen „Bloody Mary".

Elisabeth I., unter ihren Untertanen als „Good Queen Bess" bekannt, starb 1603 als beliebte Königin, blieb jedoch unverheiratet und hinterließ keinen Thronfolger. Mit ihrem Tod endete die Herrschaft der Tudors, und Jakob VI. (1566–1625), König von Schottland, bestieg den englischen Thron. Er wurde als Jakob I., König von England (reg. 1603–1625), gekrönt, war ein Nachfahre Heinrichs VII. und der erste der Stuart-Könige. England, Wales und Schottland waren nun zum ersten Mal politisch unter einem König vereint.

Die politischen und religiösen Unruhen während der Regierungszeit von Heinrich VIII. bis Maria I. wurden während der Regierungszeit von Elisabeth I. und Jakob I. etwas gemildert, jedoch hatte diese Ruhe ihren Preis: Elisabeth erklärte den Anglikanismus zur offiziellen Religion Englands und verbot die öffentliche Ausübung des Katholizismus im Uniformitätsgesetz von 1559. Dieses Gesetz bedeutete die nahezu vollständige Niederlage der Ziele Thomas Mores, und der Glaube, für den er 1535 gestorben war, wurde weniger als ein Vierteljahrhundert später in England für gesetzeswidrig erklärt.

Doch das letzte Wort in seiner Geschichte war noch nicht geschrieben.

Fazit

An dieser Stelle der Serie ist es angebracht, zwei wichtige und miteinander verbundene Themen im Zusammenhang mit Heldenheiligkeit zu erörtern, die in den Heldengeschichten der Heiligen Jeanne d'Arc (Buch Zwei) und des Heiligen Thomas More (Buch Drei) anschaulich dargestellt werden: (1) Deus ex machina und (2) Umkehrung des Schicksals. Wir können diese Themen erörtern und Beweise dafür ausschließlich in den historischen Aufzeichnungen finden (ein nicht-religiöser Ansatz), oder dieser Methode die Absicht hinzufügen, die Geschichten von Jeanne und Thomas (und alle Geschichten von Heiligen Helden) mit den Augen des christlichen Glaubens zu betrachten. Dieser zweite Ansatz erkennt an, dass selbst Nichtgläubige das Auftreten von Deus-ex-machina-Interventionen (oder Momenten) in einem literarischen, wenn nicht sogar religiösen Kontext zulassen.

Ein streng nicht-religiöser Ansatz ist offensichtlich nicht das Ziel dieser Serie, und die in diesen Büchern entwickelte Theologie des Helden-Heiligtums behauptet, dass Deus ex machina

(Eingriffe oder Momente) und Schicksalswenden in diesem Leben zwar erlebt werden können, jedoch nur teilweise, da die Fülle dieser Realitäten nur in der Ewigkeit erfahren werden kann. Aus der Perspektive des Glaubens betrachtet, ereigneten sich die Deus-ex-machina-Momente und Schicksalswendungen, die Gott im Leben von Jeanne und Thomas bewirkte, in erster Linie nach ihrem Tod. Sie wurden zu Unrecht verurteilt und öffentlich als Verbrecher hingerichtet, genossen jedoch später einen ruhmreichen Ruf in der Geschichte und in der Ewigkeit (als Heldenfiguren und heiliggesprochene Heilige). Umgekehrt deuten die historischen Aufzeichnungen darauf hin, dass es denen, die Thomas und Jeanne verfolgt haben, nach deren Märtyrertod nicht gut ergangen ist, und keinesfalls wurden Männer wie Pierre Cauchon, Nicolas Midy, Heinrich VIII. und Thomas Cranmer in positivem Licht gesehen wie Jeanne d'Arc und Thomas More (und ganz gewiss schreiben wir keine Heldengeschichten über sie!). Hier liegt ein Element göttlicher Ironie vor.

Weitere wichtige Merkmale dieser beiden Themen sind erstens, dass sie häufig, wenn auch nicht zwangsläufig, im Leben anderer Heiliger vorkommen und sie in den Geschichten von Jesus von Nazareth und Maximilian Kolbe wieder auftauchen (jedoch nicht in der fiktiven Erzählung in Buch Sechs). Zweitens benötigen Schicksalswendungen und Deus ex machina in der Regel Zeit, um sich zu entwickeln, und erfordern Geduld. Sowohl Jeanne als auch Thomas wurden von einigen Zeitgenossen für ihre Tugendhaftigkeit und ihr heiliges Heldentum anerkannt, doch keiner von beiden wurde vor dem 20. Jh. heiliggesprochen.

Drittens gelten diese beiden Themen nicht nur für das irdische Leben eines Heiligen Helden, sondern erstrecken sich auch auf zukünftige Ereignisse in der Geschichte und Ewigkeit, die weit von den Umständen ihres Lebens entfernt sein können. In Jeannes Fall endete der Hundertjährige Krieg erst 22 Jahre nach ihrem Tod, auch wenn ihre Taten viel mit seinem Ausgang zu tun hatten. Und als die Dominosteine der Geschichte fielen, hatte all dies etwas mit der Auslösung der Rosenkriege zu tun – zumindest ist das die Sichtweise, die ich in diesem Buch vertreten habe.

Im Fall von Thomas More (um am letzten Kapitel des Buches anzuknüpfen) blieben die katholische Liturgie und andere katholische Praktiken in England durch das Uniformitätsgesetz von 1559 bis zur Verabschiedung des Catholic Emancipation Act im Jahr 1829, der den Katholiken das Recht zurückgab, öffentliche Ämter zu bekleiden und Mitglieder des Parlaments zu werden, verboten. Im Jahr 1850 veröffentlichte Papst Pius IX. die Bulle *Universalis Ecclesiae*, mit der die katholische Hierarchie in England wiedereingeführt wurde, und ernannte Nicholas Wiseman (1802–1865) zum Kardinalerzbischof von Westminster. Wiseman leitete beinahe umgehend den Heiligsprechungsprozess für Thomas More und John Fisher ein, und beide wurden am Festtag des Heiligen Thomas Becket, dem 29. Dezember 1886, von Papst Leo XIII. seliggesprochen. Dieser Prozess wurde abgeschlossen, als sie am 19. Mai 1935 – dem 400. Jahrestag ihres Todes – von Papst Pius XI. als Märtyrer heiliggesprochen wurden und More zum Schutzpatron der Juristen ernannt wurde. Am 31. Oktober des Jubeljahres 2000 ernannte Johannes Paul II.

Thomas More zum Schutzpatron der Staatsvertreter und Politiker. More und Fisher teilen sich denselben Gedenktag im römisch-katholischen Heiligenkalender (22. Juni), und in einer bemerkenswerten Wendung der Ereignisse, die die Themen Deus ex machina und Umkehrung des Schicksals hervorhebt, gedenkt der aktuelle Kalender der Kirche von England (seit 2000) More und Fisher am 6. Juli als „Märtyrer der Reformation".

~

G. K. Chesterton sprach 1929 in einer Rede in Chelsea diese prophetischen Worte:

> Thomas More ist in diesem Moment wichtiger als je zuvor seit seinem Tod ... aber er ist noch nicht ganz so wichtig, wie er es in hundert Jahren sein wird.

Möge es Gott gefallen, dass dieses Buch trotz seiner Unzulänglichkeiten einen kleinen Beitrag zur Erfüllung von Chestertons Prophezeiung leisten möchte.

Nachwort

All jene, die mit dem Leben Thomas Mores oder der Geschichte der Reformation vertraut sind, könnten enttäuscht sein, dass in dieser Darstellung so viele wichtige historische und biografische Details ausgelassen wurden. Es gibt vieles, was hätte aufgenommen werden können, aber nicht einmal erwähnt wurde (eine Kritik, die für alle historischen Bücher dieser Serie gilt). Mein Ansatz ist teilweise beabsichtigt, und obwohl es weltweit keinen Mangel an Geschichtswerken und Biografien gibt, habe ich wenig Literatur gefunden, die sich mit Heldengeschichten oder Studien zur Heiligkeit von Helden befasst, was den eigentlichen Kern meines Projekts bildet.

Mein vorrangiges Bestreben in dieser Serie ist es, eine Theologie des Helden-Heiligtums zu entwickeln, die mit den Konzepten und Themen im „Lexikon der Begriffe" und der Reflexion „Ein Held wird erwählt" in Buch Eins beginnt. So unterhaltsam und lehrreich Geschichte und Biografien auch sein mögen, die Heldengeschichten in dieser Reihe sollen in erster Linie als *literarische Beispiele* oder *Fallstudien* für einige wenige auserwählte Seelen dienen, die nach den christlichen Prinzipien dieser Theologie des Helden-Heiligtums lebten – auch wenn sie sich dessen nicht bewusst waren. Die Heldengeschichten der Heiligen sind *Porträts* oder *Skizzen* von Personen, die heldenhafte Nächstenliebe praktizierten und ihre irdische Pilgerreise im Licht der Ewigkeit unternahmen – mit einem Wort: Sie sind *literarische Illustrationen* von Heldenheiligkeit.

Diese Serie ist ein fortlaufendes Projekt, und ich lerne beim Lesen, Studieren, Beten, Reflektieren und Schreiben. Wenn wichtige historische und biografische Details in diesen Berichten fehlen, dann gewiss auch wichtige spirituelle Elemente. Ich habe einfach noch nicht alles herausgefunden. Aber ich weiß, dass wir nicht alle spirituellen Prinzipien identifizieren und alle Details unserer persönlichen Mission und Berufung verstehen müssen, um einen Weg der Helden-Heiligkeit zu gehen (hatten Jeanne d'Arc, Thomas More, Jesus von Nazareth oder Maximilian Kolbe sie identifiziert?). Das Wesentliche ist der Glaube. Denn letztlich hat Gott die Kontrolle, und wir müssen Gott Gott sein lassen. Er allein hat die Macht und Weisheit, uns zu dem Meisterwerk der Heiligkeit zu machen, das er für uns vorgesehen hat. Theologisches Wissen und Kenntnisse über das spirituelle Leben sind immer hilfreich, aber ein Leben in Heiligkeit und Heldentum umfasst mehr, als in den Büchern dieser Reihe und allen Büchern der Welt zu finden ist.

Ich nehme an, dasselbe gilt auch für die Geschichte.

Über den Autor

Bruder Emmanuel Labrise, O.S.B., erhielt einen B.S. vom Saint Vincent College, einen M.A. von der Bowling Green State University und einen M.A. vom Notre Dame Seminary. Als kontemplativer Mönch mit über zwanzig Jahren Erfahrung im monastischen Leben war er sechs Jahre lang Mitglied des Kartäuserordens und ist seit 2009 Mönch im Orden des Heiligen Benedikt. Er unterrichtete unter anderem in einem Seminarkolleg, arbeitete in einem Ausbildungsprogramm für Priesterseminare und hielt Vorträge in einem Exerzitienhaus. Gegenwärtig lebt er ein eremitisches Leben, in dem er sich hauptsächlich dem Gebet, dem Lesen, der Reflexion und dem Schreiben widmet.

Bücher von Bruder Emmanuel Labrise, O.S.B.
Ein Held wird erwählt – Reihe
Heldengeschichten der Heiligen

Buch Eins: *Reflexionen eines ungewöhnlichen Mönchs: Auf dem Weg zu einer Theologie des Helden-Heiligtums*
Dient als Einführung in die Serie und ihre geistigen und moralischen Grundlagen

Buch Zwei: *Die Mission der Jungfrau: Die Heldengeschichte der Jeanne d'Arc*

Erster Teil: Historischer Kontext
Mittelalterliches Europa im 14. und 15. Jh.; Hochmittelalter; Hundertjähriger Krieg; Geschichte von Frankreich und England

Zweiter Teil: Die Mission der Jungfrau
Die Geschichte von Johanna als Heldin und Heilige, die sich auf ihre öffentliche Mission (Heldenereignis) konzentriert, von der Zeit, als sie Domrémy verließ, bis zu ihrem Verhör, ihrem Prozess und ihrer Verbrennung auf dem Scheiterhaufen (Heldenmoment)

Buch Drei: *Gottes guter Diener und der des Königs: Die Heldengeschichte des Thomas More*

Erster Teil: Historischer Kontext
Europa der Renaissance im 15. und 16. Jh.; Reformationszeit; englische Geschichte und Kirchengeschichte

<table>
<tr><td>Buch Sechs:</td><td>Eine nie erzählte Geschichte der Berufung: Eine Heldengeschichte zukünftiger Heiliger
Kurzroman, der im späten 22. und frühen 23. Jh. spielt</td></tr>
<tr><td>Buch Sieben:</td><td>Biblische Heldenverse: Meditationen eines Heiligen
Inspirierende Bibelzitate von der Genesis bis zur Offenbarung</td></tr>
</table>

Persönliche Notizen und Gedanken

Persönliche Notizen und Gedanken

Persönliche Notizen und Gedanken

Persönliche Notizen und Gedanken

Persönliche Notizen und Gedanken